Llamada perdida

GABRIELA WIENER
Llamada perdida

RANDOM HOUSE

Papel certificado por el Forest Stewardship Council®

Primera edición: mayo de 2025

© 2015, Gabriela Wiener
Publicado por acuerdo con Casanovas & Lynch Literary Agency, S. L.
© 2015, Natacha Bustos Magalhaes, por las ilustraciones del cómic
© 2025, Penguin Random House Grupo Editorial, S. A. U.
Travessera de Gràcia, 47-49. 08021 Barcelona

Penguin Random House Grupo Editorial apoya la protección de la propiedad intelectual. La propiedad intelectual estimula la creatividad, defiende la diversidad en el ámbito de las ideas y el conocimiento, promueve la libre expresión y favorece una cultura viva. Gracias por comprar una edición autorizada de este libro y por respetar las leyes de propiedad intelectual al no reproducir ni distribuir ninguna parte de esta obra por ningún medio sin permiso. Al hacerlo está respaldando a los autores y permitiendo que PRHGE continúe publicando libros para todos los lectores. De conformidad con lo dispuesto en el artículo 67.3 del Real Decreto Ley 24/2021, de 2 de noviembre, PRHGE se reserva expresamente los derechos de reproducción y de uso de esta obra y de todos sus elementos mediante medios de lectura mecánica y otros medios adecuados a tal fin. Diríjase a CEDRO (Centro Español de Derechos Reprográficos, http://www.cedro.org) si necesita reproducir algún fragmento de esta obra.
En caso de necesidad, contacte con: seguridadproductos@penguinrandomhouse.com

Printed in Spain – Impreso en España

ISBN: 978-84-397-4489-4
Depósito legal: B-4.659-2025

Compuesto en La Nueva Edimac, S.L.
Impreso en Gómez Aparicio, S. L.
(Casarrubuelos, Madrid)

RH44894

ÍNDICE

Advertencia 9

LLAMADAS DE LARGA DISTANCIA 11
Cuanto mayor es la belleza, más profunda es la mancha . 13
El Gran Viaje 18
Esperando el 11-11-11 26
Un fin de semana con mi muerte 42

LLAMADAS PERSONALES 63
Memorias de mis putos hoteles tristes 65
Tres 68
Qué se puede hacer salvo ver películas 79
Two and a half men 82
Contra (y a favor de) los malditos 85
Adónde llevarte 88

LLAMADAS PERDIDAS 93
Acerca de lo madre 95
Las leyes del tiempo y el espacio 107
Decrecer 119
Teléfono malogrado conmigo misma 124
Del lado de acá y del lado de allá 127

LLAMADAS A COBRO REVERTIDO 141
La última novela de Corín Tellado 143
Isabel Allende seguirá escribiendo desde el más allá . 164

TODOS VUELVEN 189

ADVERTENCIA

Admite el señor Phillip Lopate, uno de los principales estudiosos y escritores del género del ensayo personal, que siempre ha admirado a escritores como Jack Kerouac o Henry Miller que son capaces de convertir sus vidas en una saga épica. Cuando se propuso utilizar la suya como materia literaria, sin embargo, se dio cuenta de que estaba muy lejos de poder emular a sus ídolos: él no se había enrolado en la marina mercante, ni había sido un revolucionario, ni se había ido de putas en París. Él sólo era un profesor aburrido que escribía poemas y textos en primera persona. Tal vez por eso su libro *Retrato de mi cuerpo* es la demostración de que el milagro se esconde entre lo oscuro.

Confieso que, a diferencia de Lopate, yo sí me he ido de putas en París. Y he hecho otras cosas que algunos encuentran audaces. He visitado mundos raros para contarlos. He tenido experiencias. Pero de un tiempo a esta parte me atrae también otro tipo de aventuras. Me refiero al relato del tejido social y emocional en el que operamos. He asumido no sin pudor —alguna vez tenía que pasar— el papel de comentarista de la realidad relegando el de protagonista. O no.

Lo cierto es que nunca he podido narrar —ni opinar— desde un lugar discreto, nunca he podido hacerme invisible, y para ser sincera tampoco lo he intentado. Amo la realidad que desenmascaramos en cada uno de nuestros actos. Amo la voluntad de asombro. Cuando niña me intoxiqué de poesía confesional y de los trabajos de artistas que escribían con su sangre y nos mostraban la cama donde acababan de tener sexo. Me interesan los documentales que hacen los hijos sobre sus familias tanto como los libros de memorias que nadie contaría, narraciones llenas de episodios bochornosos. La intimidad es mi materia y es mi método. Y, sí, esa necesidad de exponerme tiene que ver más con la inseguridad que con la valentía. La autorrepresión siempre me pone al borde del arrebato y en situaciones incómodas de las que nunca sé cómo salir. Pero salgo y salgo un poco distinta.

Este puñado de historias y observaciones no son más que frutos de la reincidencia en el vicio de documentar lo que me rodea con la esperanza de que al relatarme alguien más se sienta relatado. Si algo he aprendido de gente como Lopate o Emmanuel Carrère —otro desencantado de la ficción, autor de libros híbridos y raros que son a la vez autoficción, reportaje y literatura del yo— es que hay muchas primeras personas: no todas son estúpidas o inoportunas. Y que, como dice Lopate, siempre habrá una tensión entre nuestro lado seductor y nuestro lado insufrible.

Creo que lo más honesto que puedo hacer literariamente es contar las cosas como las veo, sin artificios, sin disfraces, sin filtros, sin mentiras, con mis prejuicios, obsesiones y complejos, con las verdades en minúscula y por lo general sospechosas. Hacerlo de otra manera sería presuntuoso por mi parte. Estaría engañándome y engañándolos. Gay Talese escribió que la misión de un escritor de no ficción es dar cuenta de la corriente ficticia que fluye en los túneles subterráneos de lo real. Hay escritores que buscan la verdad a través de la ficción. Me gusta pensar que formo parte del otro grupo, el de esos excavadores que buscan en lo real lo impredecible y lo extraño (pero también lo abrumador) de la normalidad, el absurdo que contienen las noticias, todo eso que puede ser tan serenamente triste como una llamada perdida.

LLAMADAS DE LARGA DISTANCIA

CUANTO MAYOR ES LA BELLEZA, MÁS PROFUNDA ES LA MANCHA

Serguéi Pankéyev está llorando por primera vez delante de su médico. Su nariz crece y enrojece violentamente con los espasmos del llanto. Es muy simple, para él su nariz es como un montón de lobos blancos que lo miran estáticos desde el árbol que está frente a su ventana. Sigmund Freud se peina la barba mientras Pankéyev, entre sollozos, vuelve a mencionar su nariz, el oscuro y deforme centro de su rostro. Hoy no espera profundizar en la visión de su padre penetrando salvajemente a su madre, no quiere saber nada más acerca de la vez en que su hermana se bajó el calzón y le dijo «come de aquí» o de todo lo que soñó hacerle a su institutriz inglesa antes de que ésta lo descubriera mirándola y lo amenazara con cortarle un trozo del pene. Serguéi sólo quiere que los lobos quietos y blancos, posados como palomas en las ramas, desaparezcan, pero éstos se empeñan en gritarle que es como una maldita foto de Cindy Sherman, que su cara es el circo de la mujer gallina y su nariz, sobre todo su nariz, un zurullo, pobre ruso adinerado.

Sufro trastorno dismórfico corporal, la misma enfermedad que sufría Pankéyev y que en vano trató de curar Freud. Como el aristócrata ruso, me preocupo obsesivamente por algo que considero un defecto en mis características físicas. Lo más perturbador de una enfermedad así es que ese defecto puede ser real o imaginario. No está claro quién o qué determina lo que es evidencia o producto de la fabulación. Es algo así como si entre los monstruos de nuestras pesadillas, en medio de los niños de dos caras, de los bebés que nacen con sus hermanos en el vientre y los gatos con seis patas, estuvieras tú.

El mal existe, como la deformidad y la putrefacción.

Nadie podrá despreciarme mejor que yo. Ésa es mi conquista. La voz interior es siempre un recuento de catástrofes y barroquismos: mis dientes torcidos, mis rodillas negras, mis brazos gordos, mis pechos caídos, mis ojos pequeños clavados en dos bolsas de ojeras negras, mi nariz brillante y granulienta, mis pelos negros de bruja, mis gafas, mi incipiente joroba y mi incipiente papada, mis cicatrices, mis axilas peludas y abultadas, mi piel manchada, pecosa y lunareja, mis pequeñas manos negras con las uñas carcomidas, mi falta de cintura y curvas traseras, mi culo plano, mis cinco kilos de sobrepeso, los pelos hirsutos de mi pubis, el pelo de mi ano, los pezones grandes y marrones, mi abdomen descolgado y estriado. El tono de mi voz, mi aliento, el olor de mi vagina, mi sangre, mi fetidez. Y aún me falta hacerme vieja. Y descomponerme.

En una época me dibujaba, construía collages con fotografías recortadas, unía partes de mi imperfecto cuerpo con recortes de cuerpos de modelos increíbles. En uno de mis autorretratos tengo un rubí en el pezón y mi cuerpo es el de una heroína de cómic erótico de los setenta. Soy una muñeca recortable y tricéfala a la que le he cortado el cuerpo y le he dejado los vestidos.

Todos los acomplejados somos unos formalistas. Nietzsche lo dijo así: «El hombre se mira en el espejo de las cosas, considera bello todo lo que le devuelve su imagen. Lo feo se entiende como señal y síntoma de degeneración». Por lo general se da por descontado que en el mundo hay feos, pero las personas no se imaginan que pueden estar en ese grupo. En el peor de los casos es cuestión de gustos o de puntos de vista, o la belleza es subjetiva o depende de la época o de lo que entienda la cultura occidental. Nadie quiere ser simpático. Ninguna mujer quiere ser sólo agradable. Hay pocas cosas tan en desuso como la belleza interior. Algunas veces me he aplicado al ejercicio de juzgar estéticamente a otros como una gran entendida. Todos sabemos que para la gente realmente hermosa éste no es un tema de conversación –los guapos de verdad ni se dan cuenta de lo guapos que son–, pero para la gente fea tampoco, para ellos no es un tema: es el único tema. De hecho, alguien que no habla del físico de los demás, aunque no sea una persona guapa, sólo por la abstención ya puede considerarse un poco guapo. En cambio, a alguien regular, e incluso a alguien semiguapo, lo afea bastante hablar de la belleza o la fealdad de los otros.

¿Estoy loca? Creo que poca gente se siente atraída por mí a primera vista, tan poca que cuando ocurre me sorprende, y esto puede ser muy molesto en un mundo donde casi la mitad de la población tiene una anécdota acerca de un amor fulminante. Y claro, cuando me conocen sí, ven mis cualidades, también físicas, como mis pechos grandes, mi cabellera negra y brillante, mi boca pequeña y dibujada con ese punto de exotismo e indefensión; sobre todo desnuda parezco una nativa amazónica recién capturada, eso da morbo, morbo colonial, sí, eso dicen mis amantes o mis amigos, que a veces son genios feos: considero que si mis amantes o mis amigos son feos, también es un problema mío, me afean más. Me pasa lo mismo con lo que escribo. Lo que escribo siempre me afea. No hablaré aquí del odio que les tengo a las escritoras que además de escribir bien son portentos femeninos. Tengo a una enterrada en mi jardín. La belleza mata. Para Bataille, desear la belleza es ensuciarla, «no por ella misma, sino por la alegría que se saborea en la certeza de profanarla. […] Cuanto mayor es la belleza, más profunda es la mancha».

Umberto Eco, un feo clarísimo, en su *Historia de la fealdad* citaba a Marco Aurelio –apodado «el sabio» y no «el hermoso»– para certificar la belleza de lo imperfecto, «como las grietas en la corteza del pan». Otra que se consideraba fea era Alejandra Pizarnik, la poeta argentina suicida. Pizarnik escribió: «Te deseas otra. La otra que eres se desea otra». Es la frase que escogí para que me defina en Facebook. Nunca unas palabras (sacadas de su contexto) me habían explicado mejor.

Amar a un hombre bello y, lo que es peor, ser amada por uno, no es exclusivo de las mujeres bellas. En la película *Pasión de amor* del director Ettore Scola, un apuesto capitán del ejército italiano enviado a vigilar la frontera conoce a Lady Fosca (Valeria D'Obici), la prima de uno de sus superiores, que tiene la particularidad de ser fea y un poco deforme. Enfermiza, histérica, con su huesudo y anémico rostro, sus orejas de ratón y esa larga nariz, Fosca se enamora del guapo capitán. La bella y la bestia al revés.

Ella no sólo es fea: también sufre por ser fea. Y no hay nada que desee más una fea que belleza. Su narcisismo es como la sed que no puede ser saciada y su mundo interior un lugar a oscuras, por eso desea a quien técnicamente no puede desearla. Y lo asedia. Es capaz de humillarse por él, su entrega es desesperada y salvaje, su anhelo la enaltece, diríase que hasta la embellece. El suyo es un amor subversivo; algunos ineptos lo llamarían suicida. En realidad, Fosca se desea otra. No ama tanto al hombre como la belleza de ese hombre y sueña con hacerla suya porque de esta manera acaso conseguirá verse un poco menos fea. El hombre bello es el espejo en que ella se mira. Pero la amante fea es el espejo moral del hombre bello. La dolorosa situación de la dama resulta magnética para un hombre piadoso y profundamente halagado. Casi tanto como las telarañas que la deforme teje a su alrededor. Así que el apuesto capitán la ayuda, la acompaña, la cuida, le da a Fosca el afecto, la atención y las miradas que el mundo le ha negado. Hasta conocerla, el capitán sólo había sido un hombre bello, ahora es un ser trágicamente grandioso.

Ser un hilo de conversación, un tema, un post para el escarnio público.

En la foto que alguien colgó en un blog anónimo yo estaba sentada en el suelo comiéndome un plátano. A continuación hay 395 comentarios en los que me llaman fea o en los que se explayan sobre todos los hombres que supuestamente me tiré estando casada y lo puta que soy en general. Lo de puta nunca me ha dolido particularmente, no perdamos el tiempo en eso. Pero lo otro, lo otro, esa evidencia…

Alguna vez yo también me odié de esa manera.

Si la dismorfia corporal es una enfermedad mental, ¿me lo estoy imaginando todo? ¿Soy fea? ¿Soy en realidad bella? Y si me lo estoy imaginando, ¿por qué hay gente hablando de eso, escribiendo sobre mi fealdad? ¿Por qué es un tema? ¿Por qué me ama entonces un hombre bello? ¿Debería ser bella? ¿Querrían que fuera bella para así justificar su dolor, su apetito, su virulencia? ¿Tiene, en ese caso, más que ver con mi impureza moral que con la física? ¿No con que era linda como decían mamá y papá? ¿Será la mezcla de ambas cosas? ¿Estoy loca si me hago estas preguntas? ¿Nadie más se las hace?

Hay un dibujo, una pequeña viñeta, que hice a partir de una frase que me dijo un día alguien que me ama a pesar de mis trastornos, de mis complejos, o precisamente por ellos. Dijo: «Me hubiera gustado conocerte de niña y decirte que eras la niña más bella del mundo». En mi dibujo, él viaja al pasado, me encuentra, me sienta en sus rodillas y, como él es el hombre más bello que yo he visto nunca, me dice esa frase al oído y yo lo creo y nunca más se me olvida. Así, en esa historia alternativa de mi vida, yo creceré sin el trastorno y no me haré más preguntas.

EL GRAN VIAJE

En el año 2003 yo estaba lista para perderlo todo. Tenía una vida, un trabajo, un amor, una familia, un país, y ésas son demasiadas certezas para una chica que quería seguir considerando su vida como una historia con un final abierto y no como un panfleto inaguantable. Sí, la vida está en otra parte, concluía esa joven mujer que solía ser yo, aún impregnada de la vieja y un poco tonta idea de que, alguna vez, había que dormir en alguna ciudad con buhardillas y lluvias, lejos de Lima, donde nunca llueve y las cosas se ensucian sin remedio.

La decisión de emprender el Gran Viaje, no obstante, implicaba una serie de desafíos a los que hasta entonces no había tenido que enfrentarme. El Gran Viaje sería, al menos en su etapa inicial, mi debut como viajera solitaria y emancipada. Es verdad que había viajado sola, pero no estrictamente sola. Allí estaba la vez en que mi madre me envió a Ayacucho —la ciudad de las iglesias y los muertos—, a casa de una amiga suya, para alejarme de mi novio drogadicto y hacerme olvidar un aborto no deseado cuando tenía dieciocho años. Había estado en Bogotá invitada por un lobby farmacéutico que buscaba promocionar la píldora del día siguiente y había hecho algún otro viaje irrelevante como periodista. Fueron viajes solitarios, pero no me confrontaron con la soledad.

Estudiar cualquier cosa en España era la excusa perfecta para desaparecer. En esa época, la Península era todavía un buen lugar para vivir, trabajar, empezar de nuevo, y aunque no fuera París estaba a pocas horas en tren de la ciudad de las buhardillas y la lluvia, donde algún día escribiría la novela que me redimiría. El destino elegido para el Gran Viaje fue Barcelona, una ciudad de la que sabía muy poco. Recuerdo haber leído un reportaje en la revista *Gatopardo*, escrito por algún cronista subyugado por los edificios de Gaudí, por su equipo de fútbol y por sus *castellers*: la antigua y temeraria tradición de formar castillos humanos de varios pisos de altura. Me dije que en una ciudad donde se vive de aquella manera la alegoría de «la unión hace la fuerza» bien valía la pena intentarlo. Se necesita valor, fuerza y equilibrio para aguantar una torre humana sobre tus hombros, y eso olía a profecía.

Habían pasado dos años desde que saliera de la casa de mis padres para mudarme con Jaime. El plan de fuga lo incluía a él, pero no de forma inmediata. Jaime trabajaría unos meses más, quizá un año, ahorraría dinero e iría detrás de mí apenas pudiera... Algunas veces me pregunté si en realidad lo estaba abandonando. Otras veces me pregunté si él quería perderme.

Planear la huida definitiva no se parece en nada a preparar un viaje de vacaciones porque el que se va de verdad no necesita mapas, ni guías turísticas, no le interesa si en su destino hay monumentos maravillosos. Las cosas que ignora son su principal ventaja. Lo más importante, además, el migrante ya lo sabe: que hará lo que sea para irse, no importa si tiene que borrarse del mapa. Posee todo el tiempo del mundo para descubrir si llegó o no al lugar adecuado, y que el lugar sea adecuado dependerá en última instancia de sí mismo. Para el viajero, el pasaporte es como la piel, cada viaje es una marca, una herida, una arruga, una historia que contar. Dime cuánto has viajado y te diré cuánto sabes, apuntan los filósofos del viaje. Para el migrante, en cambio, el pasaporte es eso que mira la policía sin una pizca de simpatía. Los migrantes pasamos cada día por delante de la Sagrada Familia o la Torre Eiffel sin emoción.

Cuando me había convencido ya de arrancarme de mi vieja vida, de dar rienda suelta a esta migración disimulada, en lugar de hacer las maletas me vi organizando mi propia boda.

Fue una *boutade* o un gesto simbólico. Una manera de decirnos que, no obstante la separación, seguiríamos juntos. Nos casamos. Y los invitados, en lugar de regalarnos los electrodomésticos habituales, nos obsequiaron unos dólares para colaborar con el Gran Viaje. Pero, por el momento, el novio se quedaba en tierra. A esa persona que nunca había vivido sola, que había cambiado la casa que compartía con sus padres por la casa que compartía con su novio, esa que fui yo, le esperaban exactamente tres meses de auténtica soledad en un país extraño, mi luna de miel personal.

Estaba exultante. Y cagada de miedo. Una semana antes del viaje rodé por las empinadas escaleras de un bar, quizá quince escalones, y aterricé de cara. Me rompí el codo y me quebré un pómulo. Lo intentamos todo. Mi madre me llevó a un sitio en el que hacían acupuntura para ver si me recuperaba en tiempo récord pero fue inútil. Viajé con cabestrillo. Fue un verdadero suplicio. Llegué de milagro empujando mis maletas con un pie. Me esperaba uno de mis dos nuevos compañeros de piso, el peruano. El otro era catalán. Un par de desconocidos a los que tuve que acostumbrarme rápidamente: compartíamos el baño todas las mañanas. Si digo que lloré todas las noches mentiría. Fueron sólo algunas. Apenas sabía cocinar frituras, tallarines con tomate y arroz blanco. Lavar mi ropa y colgarla tampoco había estado entre mis planes hasta entonces. Era una chica de clase media y las chicas de clase media en Lima no hacen esas cosas. Pronto supe que me costaría encontrar trabajo. Los peruanos que conocía, que llevaban algunos años viviendo en Barcelona, trabajaban repartiendo periódicos en el metro o disfrazados de Capitán Pescanova en los supermercados. Yo quería publicar libros. Jaime estaba lejos. Mi familia estaba lejos. El invierno nos pisaba los talones.

Hoy, cuando han pasado diez años desde el inicio del Gran Viaje, abro mi ejemplar de *Los detectives salvajes*. Es la edición de bolsillo de Anagrama, está ajada y sucia, como deben estar los libros que han significado algo para uno. Aún está la etiqueta pegada en la contratapa. Me costó diez euros con cincuenta. Lo compré en la bonita librería Laie, de la calle Pau Claris. Hay una fecha, 23 de octubre de 2003. Yo llegué un 8 de octubre a Barcelona, así que comprarme la novela de Roberto Bolaño debe de haber sido una de las primeras cosas que hice al llegar. Todavía recuerdo dónde estaba cuando leí las primeras líneas: «2 de noviembre. He sido cordialmente invitado a formar parte del realismo visceral. Por supuesto, he aceptado. No hubo ceremonia de iniciación. Mejor así». Estaba echada en mi pequeña camita individual. Había aprendido en pocas semanas a ser sigilosa. Una de las paredes de mi habitación tenía una especie de abertura en forma de arco, muy grande, que daba a la sala y que sólo estaba cubierta por una cortina de color bermellón. Hiciera lo que hiciera, mis compañeros de piso podían escucharme. Mi vida privada dependía de unas cortinas.

Hojeo velozmente las páginas de mi ejemplar de *Los detectives salvajes* esperando encontrar algo de aquella época, pero me sorprende una vez más no ver nada, ni una anotación ni un billete de metro: no hay testimonio de mi lectura y eso me hunde. Cuando llegué, Roberto Bolaño acababa de morir. Había vivido desde los ochenta en esta ciudad y luego a las afueras, en Blanes, un pueblo de la Costa Brava a una hora de Barcelona; pero ya no estaba más, había muerto esperando un trasplante de hígado meses antes de mi llegada; su fantasma, como el de Cesárea Tinajero en el desierto mexicano, también merodeaba por aquí y yo me hallaba por completo bajo su influjo. En suma, era víctima del síndrome que aqueja a cualquier joven con aspiraciones de escritor que se inicia en la lectura de Bolaño: me sentía, repentinamente, una detective salvaje. Algo de mi soledad temporal, el color de esos precarios días, el brillo de cierta pobreza de artista, las dudas sobre mi futuro y mi enorme ambición me hacían verme reflejada en sus páginas.

Y estaba la ciudad ofreciéndome escenarios para mis fantasías bolañescas: cada vez que cruzaba la calle Tallers, cerca de donde había vivido Belano (y también Bolaño), o cuando veía desde el tren el Camping Estrella de Mar, donde Belano (y también Bolaño) había sido vigilante nocturno durante una época, sentía que perseguía sus huellas, que encontraba pistas, que iba a llegar al desierto de Sonora en mitad de La Rambla. Una más entre cientos de fans que hicieron lo mismo que yo, esto es, peregrinar por la Barcelona de Bolaño leyendo sus libros para después contarlo en sus blogs.

En ese tour literario, Blanes era un destino ineludible. Uno de esos días en que debía ir a la universidad, me enteré por un amigo de que esa misma tarde le rendían un gran homenaje en la Biblioteca de Blanes. No fui a la universidad, metí unas cosas en la mochila y me dirigí a la estación. No tenía ni idea de cómo volvería. Quizá tendría que pasar la noche allí, en algún hotelito de mala muerte, pero lo bueno es que al día siguiente podría recorrer el pueblo preguntando por Él. La biblioteca rebosaba de gente. En el estrado, los escritores Rodrigo Fresán, Javier Cercas, Enrique Vila-Matas, Alan Pauls y otro al que no conocía contaron anécdotas sobre Roberto que arrancaron carcajadas. Yo aún vibraba porque había bordeado en tren el filo azul del Mediterráneo para encontrar en la estación a una prostituta negra a la que le pedí un cigarro –las putas eran bolañescas– y me había dado por recordar los poemas de *Los perros románticos*: «En aquel tiempo yo tenía veinte años / y estaba loco. / Había perdido un país / pero había ganado un sueño. Y si tenía ese sueño / lo demás no importaba. Ni trabajar ni rezar / ni estudiar en la madrugada / junto a los perros románticos. / Y el sueño vivía en el vacío de mi espíritu».

Cuando todo acabó, seguí de lejos al grupo oficial que se dirigía a algún sitio. Qué desamparo sentía bajo esa noche estrellada e imprecisa y, a la vez, qué nerviosa alegría, qué pasión adolescente me hacía avanzar. Tenía veintiocho años, me acercaba a la treintena, pero, gracias al Gran Viaje, los veintes empezaban otra vez para mí de manera radical. Hablé antes de que mi realvisceralismo me abdujera. Escuché mi voz diciendo algo, me presenté a alguien, quizá hasta dijera algo ridículo como que era la fan «número uno» de Bolaño; seguro que lo dije, seguro que me humillé lo suficiente como para que alguien me dirigiera la palabra porque pronto descubrí que el que caminaba más cerca de mí, el único escritor de la mesa al que no conocía, se llamaba Toni García Porta y había sido uno de los mejores amigos de Bolaño. Ambos habían escrito a cuatro manos *Consejos de un discípulo de Morrison a un fanático de Joyce*. También supe que el que caminaba a su lado, un chileno muy alto y canoso, se llamaba Bruno Montané. Y cuando llegamos a la fiesta —en la que me colé— supe que en él se había basado Bolaño para su Felipe Müller, el compañero chileno de Belano que vivía en Barcelona y que solía cuidar de la madre de su amigo. En la fiesta también estaba la madre de los hijos del desaparecido autor, Carolina López. En una esquina, Vila-Matas hablaba con Cercas. Yo escuchaba embelesada las historias de Bruno y Toni hasta que una llamada nos interrumpió. Se dijeron algo que no pude escuchar. De repente, uno me dijo que tenían que irse de ahí y me preguntó si quería acompañarlos. Ok, les dije. En el coche les pregunté adónde íbamos, pero no quisieron decírmelo. Actuaban misteriosamente, de un modo casi lúdico. Aparcamos delante de un bar de barrio no demasiado iluminado en una calle muy oscura. Olía a mar. Quizá hasta se oía el mar. Dentro había tres mujeres sentadas alrededor de una mesa, esperando: eran la madre y la hermana de Bolaño y Carmen Pérez, la mujer a la que Roberto había amado durante sus últimos tres años de vida. Pero yo aún no lo sabía. Ninguna se había presentado a la fiesta oficial.

La noche fue larga o al menos yo intenté alargarla escuchando a estos personajes inesperados, más bolañescos que ninguno, hablar de mi héroe, de los frágiles vínculos entre la realidad y la ficción. De Alcira Soust, la poeta vagabunda en la que Roberto se inspiró para su personaje de Auxilio Lacouture de *Los detectives*. Estábamos muy lejos de la pompa, de los escritores de prestigio y del ruido de los homenajes, que a Bolaño le habrían chirriado. La atmósfera se cargaba por ratos de la emoción y el dolor de los recuerdos comunes y, suavemente, volvía a tornarse ligera entre risas y una inefable ternura, como si el espíritu del detective nos fuera llevando de la luz a la oscuridad, de la oscuridad a la luz, sin dramatismos. Al final de la noche, el lado B de la pandilla de Bolaño me llevó de vuelta a Barcelona; aún me embargaba la inocencia o la ignorancia de lo que me deparaba el futuro, acaso sólo con la diminuta sospecha de que esto recién empezaba, de que para mí nada volvería a ser como antes.

Semanas después sería Toni, el escritor desconocido y mi nuevo ángel de la guarda, el que me conseguiría un trabajo que me salvó de la miseria; y a partir de ese momento siempre me salvaría de algo, como seguramente hizo tantas veces con su amigo en los años en que compartían un piso de la calle Tallers y se sentían salvajes. Carmen y yo quedamos muchas otras veces después de que me buscara por haber publicado en un blog una versión de esta misma historia sobre la que ella opinó, con toda razón, que, además de no estar demasiado bien escrita, resultaba inapropiada e indiscreta. La borré del blog. Y jamás volví a escribir al respecto hasta ahora.

La noche de mi incursión detectivesca por una parte de los afectos que había dejado Roberto Bolaño al morir, hice lo que solía hacer cada vez que me pasaba algo grandioso, en realidad cada vez que llegaba de madrugada y la soledad me carcomía por dentro: llamé a Jaime. Le conté mi aventura, muy bajito para no despertar a los chicos, pero igual desperté a uno de ellos, que cada vez me soportaba menos. El catalán era demasiado serio y andaba muy concentrado en volverse un gran documentalista, como en efecto sucedió. La noche en que me dio un cólico nefrítico fulminante que me tumbó en el suelo y me hizo vomitar de dolor, me llevó amablemente al hospital y estuvo conmigo hasta que me dieron de alta. En esos tres meses, como nunca antes, aprendí a confiar en la bondad de los desconocidos. Él estaba viviendo sus treintas como correspondía, mientras que yo seguía llevando amigos borrachos al piso, escribiendo hasta altas horas de la noche, poniendo música a todo volumen. Creo que hasta empecé a hacerlo a propósito. Pocas semanas después me fui de allí.

Después de mucho buscar había encontrado una habitación muy grande donde Jaime y yo podríamos subsistir sin cometer actos de canibalismo, con balcones en los que podría cuidar hasta un par de plantas. Me preparaba para el fin de la primera etapa del Gran Viaje.

Hay unas fotografías que nos tomamos Jaime y yo en el tren de regreso del aeropuerto del Prat, minutos después de reencontrarnos. Él tiene el rostro anhelante. Yo, entre avergonzado y sorprendido. Recuerdo la extrañeza que me produjo abrazarlo. Cuando te acostumbras a la soledad, de repente los desconocidos se vuelven cercanos y los conocidos unos extraños. Lo ajeno es lo normal y lo inusual es que algo te pertenezca. Tuve que mirarlo mucho rato, quizá horas, días, para identificarlo como la persona a la que esperaba. Ahora que vuelvo a mirar las fotos, creo que ambos sonreímos. Nos esperaban muchos años juntos en esa ciudad. Habíamos perdido un país, pero teníamos un sueño.

ESPERANDO EL 11-11-11

1. Han pasado ya siete años desde que ocurrió eso. Y los números no son un asunto baladí en esta historia. Fue en el 2007, el año de la maternidad a tiempo completo, cuando la oferta de trabajo que debía llegar no llegó y fue más sencillo replegarse que seguir intentándolo. Entonces no sabía que algún día iba a poder decir con orgullo que yo había amamantado y criado a mi hija en casa durante su primer año de vida. Lo único que sabía en ese momento es que mi existencia había hecho una parada estratégica. Que me había detenido a mirarla desde un lugar fuera de mí y que había abandonado todo impulso generador. No me interesaba crear nada más. Lo de ser escritora me parecía ridículo y no tenía otra misión que esa que mi bebé me señalaba cada día con su olor o con su ruido. No es casual, porque nada es casual en este relato, que ése también fuera el año en que más veces se me apareció el número 11. Tanto que dejó de ser algo curioso para convertirse en algo casi rutinario. Y lo sigue siendo. Porque en realidad esta historia se resume en una cifra: ahora miro el reloj y allí está: las 11 y 11. Me pasa siempre, de día o de noche.

Cada vez que ocurre se lo cuento a Jaime, que, gracias a que le he venido enseñando pruebas contundentes todos estos años, ha terminado por creer que no es un invento y que en efecto a mí me pasa «eso». Creo que él preferiría decir «algo». Yo lo llamo «mi secreto estúpido».

Evitar pasar por debajo de una escalera o maldecir a los

gatos negros no es comparable. Las supersticiones son cosas que todo el mundo conoce, son tonterías colectivas que alguna gente adopta por si acaso, no vayan a tener razón los tontos. Lo del 11, en cambio, es parte de mí, como un trastorno obsesivo-compulsivo, como una idea recurrente que en lugar de haberse creado en mi mente, de haberme invadido desde dentro, llegó y decidió perseguirme desde fuera. Su visión me transporta, cada vez que ocurre, de un estado risueño a una sensación de enigmática complicidad conmigo misma.

Es posible que mi mente anduviera «afiebrada» por esos días. Poder barrer, lavar y mover un cucharón con un bebé colgado en la espalda, sin apenas dormir, sin apenas tener sexo, sin apenas ver películas y leer libros, sin apenas divertirme, sin apenas ser un ser humano es, claro, de superhéroes o de superlocas. Durante los años en que me dediqué a criar, a ser una mujer de manual —de manual de los cincuenta—, juro que la consulta del pediatra siempre estaba en el número 11. Si me subía a un avión me tocaba el asiento 11C. Era la undécima en la cola del banco. O mi nuevo DNI vencía un día 11.

Mi vida, ya lo dije, se había alejado repentinamente de la investigación, del periodismo, de las computadoras, incluso de la literatura. Como en el libro de mi adorada Joan Didion, ése fue «mi año del pensamiento mágico» aunque no tuviera que ver con una muerte sino todo lo contrario. Los límites entre la superstición, la fe y la locura simplemente no estaban del todo claros. Vivía en la creencia de que una palabra o un simple acto de mi voluntad podía cambiarlo todo. En ese estado precientífico, los muertos vuelven, los pájaros saben que es el fin del mundo y los números encierran mensajes.

2. Quizá eran bien entradas las 11 de la mañana —lo sé porque a las 12 acostumbraba regresar del parque infantil para, con suerte, aprovechar la siesta de Lena y darme un baño— cuando le hablé a la bruja por primera vez del número 11.

Todos sabemos que los parques infantiles son puertas astrales. No por forzada mi vida de mamá-ama-de-casa dejaba de tener cierto encanto. Y en esas pocas mañanas en que no me sentía como un insecto atrapado en la telaraña de platos sucios, juguetes desperdigados y ropa sin ordenar, todavía insomne a causa de la lactancia nocturna, pero incrédula ante la perspectiva suicida de tener que preparar en una hora el almuerzo sin dejar de entretener a Lena con mis tetas, o, mejor dicho, cuando todo lo anterior seguía existiendo, pero podía ponerlo entre paréntesis sumergiéndola en las profundidades de su cochecito y dando un portazo en dirección al parque, aún podía conocer brujas.

Para mí, aparcar el cochecito a las diez de la mañana a las afueras de la playa artificial de columpios y arena era como marcar tarjeta en la dimensión desconocida. Llevar a un niñito a tomar el aire fresco y a relacionarse a ras del suelo con sus iguales era un empeño diario. No olvidar sus palas y baldes, una hazaña cósmica. Enseñarle que eso era una paloma, una clase avanzada de ciencias. Evitar que se comiera la tierra, salvarle la vida.

Llegué a moverme como una astronauta en el espacio en aquel universo de bebés que no aguantaban aún la cabeza y sus niñeras latinas y sus abuelas catalanas. Fue una de esas nanas, precisamente, una chica pelirroja que cuidaba a un niño chino, la que me presentó a la bruja. La mujer, de unos sesenta y cinco años, de larga y canosa cabellera y vestidos hippies, era una estudiosa de la energía, de los astros, de los asuntos metafísicos, ultraterrenos y new age. Una charlatana para cualquiera, una bruja poderosa para una madre que se aburre en un parque.

—¿Tú sabrás por casualidad qué quiere decir que vea tanto el 11, el 11:11…?

Ella me miró por debajo de sus gafas enormes y me encomendó a Dios.

—El 11 —afirmó— es un número «maestro» que rige la vida de ciertas personas muy especiales, llamadas a hacer grandes sacrificios durante su paso por este mundo.

Yo, que llevaba ya algunos meses de aprendizaje en el sacrificio cotidiano, la miré con desdén.

–La gente que te rodea –continuó– depende de ti y tú serás quien, llegado el momento, deberá protegerla. No será un camino de rosas, tendrás que pasar por situaciones muy duras hasta que aprendas a administrar tu poder, pero lo conseguirás. El 11 te guiará para alejarte del mal y hacer el bien a los demás porque tú perteneces a esos elegidos que en la tierra son portadores de la sabiduría cósmica.

Me sentí como el Hombre Araña escuchando al tío Ben.

La bruja del parque infantil concluyó sugiriéndome que, en lugar de asustarme, me dedicara a estudiar más sobre el 11, que me sorprendería. La Gabriela Wiener que se alejaba por una empinada cuesta empujando un cochecito con un bebé que había roto a llorar de hambre y las bolsas de la compra colgando, enjugándose el sudor de las sienes, sintió que ahora todo tenía sentido. Si no por qué diablos iba a preparar después un pollo frito para su familia. Tenía que haber un propósito trascendente en eso. Eso explicaba por qué, durante toda su vida, se había creído especial, para bien o para mal. Éste sería su nuevo secreto. Gabriela había abandonado la literatura o la literatura la había abandonado a ella. Gabriela estaba demasiado agotada y dispuesta a creer que era una extraterrestre o, al menos, su emisaria.

3. Aquella mañana en que volví del parque a casa, y antes del pollo frito, corrí a la computadora para poner 11 en el blanco espacio de Google mientras Lena lloraba desconsoladamente. Como los códigos de *Matrix*, vi llover los testimonios de miles de personas que sufrían el mismo acoso numérico. De repente, saber que eso que yo suponía único me igualaba a millones de iluminados, me sublevó. ¿Por qué teníamos que ser tantos los elegidos?

En efecto, el número 11 era algo que les pasaba a muchos en todo el mundo desde hacía décadas.

En la web de una especie de gurú del 11 llamada Solara

—una robusta mujer rubia vestida con túnicas rosas y fulares coloridos que organiza encuentros en lugares «energéticos» como el Cusco— se confirmaba lo dicho por la bruja. El 11, leí, surge en épocas de conciencia elevada y tiene un efecto poderoso en aquellos que lo ven. Se le llama «disparador de memorias» porque, cada vez que vemos esa cifra, los bancos de nuestra memoria celular son activados un poco más, sentimos una cosa agitarse profundamente en nuestro interior como si de pronto recordáramos algo olvidado hace siglos.

En resumen, habría un 11 en todas las cosas como un código para evocar un tiempo cósmico en que la conciencia universal era una sola. La misión de todos nosotros, los del 11, es recordarlo y comunicarlo al resto de la humanidad.

Pero ¿qué clase de inepto había enviado tantas invitaciones para una fiesta que debía ser tan exclusiva?

4. Habían pasado cuatro años desde el tiempo de la maternidad a tiempo completo y de las revelaciones del parque infantil cuando fui consciente de que en breve iba a ocurrir algo insólito, algo que sólo ocurre cada cien años. El calendario iba a marcar una fecha que para cualquier obsesionado con el 11 supone un mazazo en la cabeza: el calendario marcaría el 11-11-11, el día once del mes once del año once. Para ese entonces había dejado de ser ama de casa y había vuelto al periodismo, aunque no de la manera que yo esperaba. Me había convertido en jefa de redacción de una revista dirigida a los hombres que todavía se masturban con chicas tetonas impresas en papel. Cada mes debía entrevistar a la siliconeada de turno y hacerle preguntas sobre si estaba a favor del sexo anal. Por más que me divirtiera la idea, no era un trabajo del que hablarle a mi mamá ni a mis amigas hipsters. Era una mercenaria de la prensa masculina más grosera aunque me gustara imaginarme como agente feminista infiltrada.

Cuando veía las fotos y vídeos de la época en que solía tener encuentros interestelares en los parques infantiles, no me reconocía con esos atuendos vaporosos manchados de leche materna, esos pelos desiguales que yo misma me había cortado y aquella sonrisa subnormal. Además, aunque hubiera vuelto al redil productivo, aunque en mi vida hubiera ganado la razón, el 11 había seguido dándome sus pequeños toques de atención con su habitual insistencia.

Y ahora el 11-11-11 estaba a la vuelta de la esquina. Incluso Jaime, que no cree en nada, me recordó que debía comprar lotería por si acaso.

En España, uno de los más importantes juegos de lotería es conocido como «la ONCE» (por las siglas de la Organización Nacional de Ciegos Españoles, que organiza el sorteo) y, cómo no, ese año había lanzado una lotería especial con un premio de 11 millones de euros. Por supuesto, esperé hasta el último día. En la puerta del mercado de la Boquería le compré a un hombre en silla de ruedas un cupón con el número 55.860. La suma de sus dígitos no daba ni siquiera un múltiplo de 11, pero fue lo único que conseguí. Lo guardé en mi cartera y esperé.

Según el horóscopo chino, el 2011 era, además, el año del conejo, mi año.

5. En la novela gráfica que leía esos días, *¿Eres mi madre?*, de Alison Bechdel, hay una viñeta donde la escritora protagonista, una ferviente lectora de libros de psicoanálisis, analiza uno de sus sueños, en el que aparece por alguna razón el 11. Dice: «Según Freud no hay nada indeterminado en la vida psíquica, sobre todo en los números. El 11 es el primer número que no puede contarse con los dedos de las manos. Va más allá, transgrede, y por esa razón se asocia al pecado». Lo que para la bruja del parque infantil era un número divino, para otros era una cifra maldita. Su pecado consiste en ser incompleto. Se encuentra entre el 10, que es el de la perspectiva humana, y el 12, el de la perspectiva cósmica. Después de la traición de Judas, el número de apóstoles quedó reducido a 11. Es un número relacionado amargamente con los atentados y desastres naturales que han ocurrido en los últimos años.

Internet está plagada de teorías que descomponen cada detalle del ataque al World Trade Center, desde la fecha (9-11) hasta las dos torres que dibujan un 11, pasando por el número de vuelo (11) del primer avión que impactó en la torre norte, la cantidad de tripulantes de uno de los aviones (11), los muertos de ese avión 92 (9 + 2 = 11) o el número de emergencia en Estados Unidos (911 = 9/11) al que millones de personas llamaron ese día. Once fueron los años que duró la construcción de las torres.

Lo mismo ocurre con los atentados del 11 de marzo de 2004 en Madrid. El número de muertos fue 191: 1 + 9 + 1 = 11; y la fecha, 1 + 1 + 3 + 2 + 0 + 0 + 4 = 11. Onces por todos lados.

El Día del Recuerdo en Inglaterra es el 11 del 11. Y hasta el 4 de Julio estadounidense tiene un 11: 4 + 7 = 11.

Por no mencionar el terremoto que causó el accidente nuclear de Fukushima: ocurrió el 11 de marzo de 2011. O los atentados de Oslo, el 22 de julio de 2011. ¡Ah!, y Kennedy murió un 22 del 11.

Estos «descubrimientos» macabros llevan años propagándose por la red: desde el sitio de Uri Geller, el mentalista que dobla cucharas, o desde la web de un joven geek como Rik Clay, que se suicidó al poco tiempo de ser entrevistado en la radio sobre sus hallazgos (aunque sus seguidores aún piensan que fue víctima de una conspiración gubernamental y asesinado para que no siguiera hablando). En todos los pronósticos que difundían, el 11-11-11 era la fecha elegida para el Cambio Universal. Un año después, según los mayas, nos achicharraríamos para siempre en el fin del mundo.

¿Por qué a mí? ¿Por qué me persigue esa cifra maldita? ¿Soy una herramienta del demonio? Me cuesta confesarlo, pero yo ocasioné el terremoto de Chile en 2010. También la revuelta estudiantil de Lyon, donde se quemaron decenas de contenedores de basura al lado de la Ópera. Estuve detrás del terremoto de Pisco, en Perú. También tuve la culpa de que David Bowie se clavara un caramelo en el ojo, de que Morrissey se emborrachara en el avión y nunca llegara al festival de Benicasim y de que Keith Richards se cayera de un cocotero. Cuando viajo a un sitio, cuando decido ir a un concierto, algo de gran magnitud ocurre. Algo se cancela, algo se destroza. Antes pensaba que era sólo mi mala suerte, pero cuando tu mala suerte se cruza con el destino de miles de personas sientes una culpa universal. No soy del todo inocente de las desgracias que le ocurren al mundo, pero ¿alguien lo es? Pitágoras fue el primero en pensar que el universo es un todo que emite sonidos. El universo es un enorme piano y cualquier acto de voluntad sobre la tierra puede igualarse a tocar una tecla de ese piano. Hasta nuestro ruido más débil repercutirá de alguna manera en algún lugar de ese universo. Un aleteo puede ocasionar un tsunami, ya se sabe.

Una de las últimas películas sobre el misterio del 11-11-11 (hay varias) se estrenó en 2011. Se rodó en Barcelona, donde yo viví precisamente hasta el 2011. Trata sobre un escritor que pierde a su esposa y a su hijo. Cuando se muda a Barcelona empieza a notar la insistente aparición del 11:11. Descubrirá entonces que ese número es en realidad un mensaje enviado a una serie de personas por ángeles protectores que durante años han intentado comunicarse con los hombres. Quieren advertir al mundo de la inminente apertura (el 11-11-11) de un portal que lleva a una dimensión por la que, según anuncian, penetrará algo inimaginable. En las imágenes reconocí la fachada de Santa María del Mar y el Parque del Laberinto, donde durante años llevamos a Lena para jugar a perdernos entre arbustos, sólo que en la película no te persigue mamá, sino una oscura y terrible criatura.

6. En algún momento del año 2011 (e insisto, los números no son un tema menor en este artículo) vi que el escritor Iván Thays ponía en su estado de Facebook la cifra 11:11. Thays era la única persona que conocía que había admitido públicamente ser uno de los que ven el 11 por todos lados y, no sé por qué, en ese momento me pareció que el hecho de

que un hombre cultivado creyera en un asunto tan ridículo de alguna manera legitimaba mi propia ridiculez. Necesitaba saber cómo era esto para él, e Iván me contó algo rarísimo: me dijo que él veía la cifra desde que era niño, desde los nueve o diez años. Era todo un veterano. Además recordaba el instante exacto en que la vio por primera vez. Estaba fuera de Lima, tal vez veraneando, y le dijo a su prima que salieran a la calle. Se fijó en la hora y la vio. Eran las 11.11 a. m. Pensó: Esta hora la voy a ver siempre. Y se cumplió. En uno de sus talleres de literatura leyó el cuento de una alumna cuyo protagonista se levantaba a las 11.11 a. m. todos los días. Así supo Thays que no estaba solo. Él ve el 11, o el 1111, en billetes, en casas, en placas de auto, en tarjetas. Durante las semanas en que lo ve, dice, está más espiritual o más necesitado de consejos que cuando no lo ve. Y siempre es una sorpresa. Thays también me habló de algo con lo que estuve totalmente de acuerdo: el 11 no es un tema atractivo en realidad, se presta a mucha superchería, así que cada uno debe encontrarle un significado particular en su vida. Para él es una alerta para sí mismo. Cuando pasa, deja de hacer lo que estaba haciendo, se habla porque siente que en su interior algo se lo reclama, reza o pide un deseo y se siente cuidado. Yo volví a pensar en la bruja del parque infantil y le pregunté si creía que los del 11 teníamos una misión en este mundo.

—De ninguna manera —me contestó—, es algo muy personal. Todas las personas, vean o no el 11, tienen una misión en este mundo.

Me uní al grupo de Facebook «11:11» al que pertenecía Thays. Su actividad era modesta y lo administraba Hachinowi Brown, una chica peruana que hasta había intentado organizar una salida a la que no asistió ningún miembro.

Le escribí un mail a otro escritor. Esta vez a un escritor científico: el físico, poeta y novelista Agustín Fernández Mallo. Le pregunté al español que hizo de la Nocilla (esa crema de chocolate con la que los niños untan el pan del desayuno) un proyecto literario que se volvió emblema para una generación de escritores, si en ese bloque de conocimiento estructurado basado en la comprobación empírica y las leyes lógicas que es la Ciencia había un mínimo resquicio por el que pudiera filtrarse el número 11; si los científicos dudaban; si, en algún momento, toda esa acumulación de delirios que la gente común iba compartiendo en internet podía hacerles tirar los tubos de ensayo y mirar al cielo, comerse las uñas, perder suelo, suicidarse. Te necesito como científico, le escribí. Y su respuesta fue implacable: todo eso carece de fundamento alguno.

—Son interpretaciones dramatizadas, en ocasiones paranoicas, de algo que nada significa: los números.

«Los números no son más que una abstracción mental», agregó.

—Significan todo cuanto queramos que signifiquen. Hay los mismos argumentos para decir que el 11:11 es mágico como para decir que no lo es.

«Pasto de incautos», «ensalada de conceptos pseudocientíficos», «creencias dignas de un pensamiento mágico», fueron algunos de los calificativos que manejó.

—Es como creer en la aparición de la Virgen de Lourdes, ni más ni menos —zanjó—. El 11:11 se te aparece en todas partes porque te fijas en él, sólo eso. Ocurriría igualmente con el 19:64, por decir algo. Es un pensamiento a posteriori. ¡No te dejes embaucar!

Terminé de leer su mail y miré la hora esperando encontrar un 11:11, pero eran las 10.35.

7. Siempre fui una bestia en matemáticas. Siempre me han parecido como de otro mundo. Tal vez por eso, quizá porque no entiendo nada de números, el 11 es para mí un tema completamente esotérico. Aunque tampoco estoy dispuesta a aceptar que se me confunda con alguien que cree en las apariciones de la Virgen de Lourdes. Yo no busqué el 11, el 11 me buscó a mí. Cosas que ocurrieron en 2011: el 11-2-2011 triunfó la Revolución egipcia y Mubarak renunció a la presidencia; el 11-4-2011 tuvo lugar el atentado del metro de

Minsk, en Bielorrusia: murieron 11 personas; el 11-5-2011 un fuerte terremoto asoló la localidad de Lorca, en España, donde nunca hay terremotos.

En 2011 dimitió Silvio Berlusconi y murieron Gadafi y Osama bin Laden.

No sé nada de matemáticas, pero me dispuse a hacer con el número de mi vida el mismo experimento que había catapultado al suicida Clay o a Uri Geller para ver si ponía algunos onces en claro. Con seguridad había un 11 en mi historia porque yo nací en noviembre. Empecé sumando las letras de mi nombre completo y obtuve 19. Sumé los números de la fecha de mi nacimiento y dio un total de 30. Lo seguí intentando, pero no salía ningún once a menos que «matizara/trampeara» un poco las cosas: utilizar los ceros como valores para 1, cambiarle el cumpleaños a Jaime, etc. Eso mismo ha ocurrido con buena parte de estos hallazgos que corren por las redes. Una vez que ha tenido suerte con algunos de sus descubrimientos, el investigador tiende a forzar la realidad adversa para ajustarla a su teoría. A ese fenómeno se lo llama «sesgo de información», la tendencia a favorecer los hechos que confirman las propias creencias, a reunir datos de manera selectiva e interpretarlos de forma parcial y tendenciosa.

¿Cómo reaccionarías si tus creencias fueran tomadas por embustes, si tu vida, tu nombre y tu prestigio de repente quedaran seriamente enlodados? Probablemente sería un buen móvil para el suicidio, al menos para mí y mi susceptibilidad. Pero los del 11 no son gente que tenga inclinaciones lógicas. Yo tampoco.

8. Las brujas son más divertidas que las psicólogas porque hablan mucho en lugar de hacerte hablar. Al centrarse en aspectos oscuros de nuestra vida, capturan todo nuestro interés y atención. Me fascina que hablen de mí, aunque sean meras especulaciones y mentiras. Mantengo esa especie de fe o de ingenuidad como parte de un juego privado con lo des-

conocido. Por lo menos dos de mis amigas son mis puentes secretos con lo espiritual y mágico, algo de lo que yo suelo renegar en público. Mi religiosidad nunca salió del clóset. No comparto con nadie que tengo en el bolso una piedra azul bendecida por una amiga un poco bruja. Y que antes de dármela me la pasó por todo el cuerpo en medio de un ritual de velas y sal regada por el suelo para ayudarme a salir del bloqueo creativo. Que debajo de mi cama hay moneditas de cinco céntimos que debo tener cuidado de no barrer si quiero que la situación económica de mi familia mejore. ¿Qué diferencia hay entre las puertas de la conciencia que van abriéndose gracias a las visiones del 11 y los raptos místicos de la cábala, el yoga, el sufismo, el tarot, el tantra, la psicomagia… si todas esas prácticas hablan también de energía, cambio, sincronía, correspondencias simbólicas, intuición cósmica, ángeles, mandalas, velas y karma? De vez en cuando, Jodorowsky lanza un tuit como éste: «11:11 = 22. Número sagrado. 11 frente a un espejo. Tu doble divino te busca. Es hora de abrir el ego a tu Ser esencial». Todos hemos hecho una operación de sincretismo religioso en nuestros altares domésticos.

¿Creo en todo esto? En lo que no creo es en las casualidades. Me han pasado demasiadas cosas raras para creer que todo se reduce a la estadística, la buena suerte, los deyavús y las coincidencias. Así que prefiero esconder un lapislázuli en el puño por si un día resulta que los esotéricos, ya lo decía antes, tienen razón como los tontos.

Con otra amiga, la profesora de yoga para embarazadas, suelo hablar por el chat de nuestras cosas: pasamos en un instante del psicoanálisis amateur a la astrología. Vibro con sus lecturas delirantes de mi personalidad y de mi futuro. A mi alrededor hay pocas mujeres mayores de treinta que no tengan una vida espiritual consciente y orgullosa. Y yo sigo en el clóset. Quiero pensar que es porque tengo una vida a secas.

9. Mis padres no me cantaron nunca para dormir «ángel de la guarda, dulce compañía, no me desampares ni de noche ni

de día», no me bautizaron, jamás dejaron que me arrodillara en una iglesia, no me permitieron entrar a una clase de religión, no tuvieron nunca una cruz en casa. Sólo mis abuelas lucharon para que a mi hermana y a mí no nos llevara el diablo. Todas las mañanas, a las 11, mis abuelas dejaban lo que estuvieran haciendo, apagaban la tele donde veíamos nuestros dibujos y se preparaban para sintonizar una estación en la radio. Sentadas en silencio acariciaban las cuentas de sus rosarios con los ojos cerrados mientras la hermosa aria de Schubert iba llenando todos los rincones de la habitación y la voz aguda de una mujer estremecía mi alma de niña, que no sabía nada del pecado. «Dios te salve María, llena eres de gracia, el Señor es contigo; bendita tú eres entre todas las mujeres y bendito es el fruto de tu vientre, Jesús. Santa María, Madre de Dios, ruega por nosotros, pecadores, ahora y en la hora de nuestra muerte. Amén». Y yo rezaba a escondidas por si (otra vez) mis abuelas tenían razón y Dios existía. Como llevar una piedrita en la cartera.

En la universidad conocí a Gisella, estudiante de educación rara e introvertida. No tengo ni idea de por qué nos hicimos amigas. Creo que yo ya había desistido de cuidar mi imagen pública y de intentar andar sólo con los que parecían ser los más felices y divertidos. Ella quería ser monja. Yo quería olvidarme de mi ego. Recuerdo nuestras largas discusiones sobre Dios y las reuniones de jóvenes católicos a las que me llevó para ver si ése era mi camino. Poco después de eso empezó la etapa más carnal de mi historia y me alejé de Dios por mucho, mucho tiempo.

Mi madre, en cambio, dejó la política y gracias a ello dejó de ser atea. Cada vez que pasa algo importante en mi vida me dice que son los ángeles de la guarda que están protegiéndome. Dice que ella me ve aunque esté lejos, que me siente, que adivina lo que me pasa. Se llama a sí misma «sacerdotisa mochica». Mi familia materna procede de la región de los mochicas. Su dios supremo era «el decapitador» y practicaban sacrificios humanos.

A veces, cuando alguien me lo pide, voy al mar a rogar que algunas cosas pasen o no pasen nunca. La fe siempre ha sido para mí una cuestión muy poco profesional.

10. El 11-11-11, el mundo despertaba a una fecha única. Los grupos esotéricos la habían esperado activamente. A diferencia del 21 de septiembre de 2012 –el anunciado fin del mundo según los mayas–, esta fecha no encerraba profecías catastrofistas, sino todo lo contrario. Para Solara, la chamana del 11, era el día prefijado para ver la puerta de ese otro mundo abrirse por fin, el instante en que entraríamos en sincronía y la conciencia del planeta cambiaría. Como si alguien en el otro lado apretara el botón de reinicio. Para el resto era un día más. No sólo se habían planeado ceremonias y rituales de meditación y oración por todo el mundo: en algunos países como Suiza, se casarían cientos de parejas y otros tantos bebés nacerían por cesáreas programadas para absorber la energía de ese día.

«Nos reuniremos en un único corazón, alma y pensamiento para unir nuestras voces a las de las culturas más antiguas y sabias», dijeron desde el Instituto de Investigación Holística en Francia.

En Argentina, en Capilla del Monte, al pie del cerro Uritorco, Matías de Stefano, un joven que asegura ser la reencarnación de un habitante de la Atlántida, consiguió juntar a más de doce mil personas que esperaban una conexión espiritual.

En Egipto, mientras tanto, la junta militar consiguió sabotear la ceremonia que miles de «ángeles humanos» iban a celebrar en la pirámide de Keops para recoger la energía sagrada y crear así un escudo entre la Tierra y el cosmos. Los acusaron de satánicos. Los esotéricos, indignados por no poder entrar a las pirámides tras meses de preparativos, advirtieron de que, sin esa protección, el 12-12-12 se acabaría todo.

11. El 11-11-11, viernes, amaneció soleado en Barcelona, España. Abrí los ojos, vi mi correo en el iPhone. Me habían enviado el número de reserva de hotel y el billete de AVE a Madrid. Empezaba el lunes. En diez días, Jaime, Lena y yo nos mudaríamos a la capital del reino. En plena crisis española me acababan de ofrecer un buen puesto de trabajo en una revista femenina, con un sueldo bastante mejor y, lo que me hacía más ilusión, la promesa de renovar mi provisión de cremas y perfumes. No estaba mal. Mis amigos, la mitad en el paro, no se lo podían creer. Yo lo había deseado secretamente y estaba ocurriendo. ¿Sesgo de información? El 11-11-11 me vestí de negro, como siempre. Era mi último día en la bizarra publicación para machos que gustan de mujeres con tetas de silicona. En breve me iba a ocupar de una revista para mujeres que gustan de los vestidos y los cosméticos. Dejaba la ciudad que había habitado durante los últimos ocho años. Renacimiento y anclaje a lo nuevo. Una puerta que se cierra y otra que se abre. Todavía faltaba mucho para dilucidar los alcances de ese cambio, si iban a representar una mejoría, pero no había duda de que era un cambio, y radical. Antes de salir para la oficina, decidí esperar a que fueran las 11 y 11 de la mañana. Quería estar con Jaime cuando llegara la hora.

A las 11.11 del 11-11-11 miré el reloj de mi teléfono y corrí con él en la mano por el largo pasillo de mi excasa en Barcelona. Logré sacar a Jaime de la computadora y llevarlo a la habitación. Le pedí que cerráramos los ojos y pidiéramos por nuestra nueva vida en Madrid, como acariciando cuentas de un rosario alternativo en la oscuridad. Pedí por nosotros. Luego salimos a la claridad de la galería.

Poco después de las 11.11 del 11-11-11, escribí un mail para despedirme de mis compañeros de la oficina y lo envié. Les decía: «Yo, la verdad, compañeros, es que estas últimas noches me he ido a dormir temprano, me he metido en la cama en posición fetal para fingir que no soy yo la que tiene que afrontar otra vez una nueva vida. El acojone es importante, ya lo sabéis. Pero hoy me he despertado con más ánimos y a las 11.11 del día de hoy, 11-11-11, me he tomado una foto absurda con un reloj. Así que estoy new age perdida y extrasensible, lista para mi despedida». La ironía, el absurdo, el chiste. Y la verdad.

A las 3 de la tarde del 11-11-11, dejé mi vieja oficina y caminé sola por el Paseo San Juan, sintiéndome una persona efímeramente liberada. No sé qué comí. Ni dónde. Recogí a Lena del colegio y la ayudé a hacer cartas de despedida para sus amigos.

A las 19.19 de la tarde del 11-11-11 recibí un mail de Christian Basilis, el jefe de redacción de la revista *Orsai*, con quien semanas antes había hablado del 11 bajo la noche despejada de San Celoni. Me preguntó de qué iban a tratar mis columnas en *Orsai* durante el año 2012 y yo le contesté que sobre el fin del mundo. Se alegró.

Le conté que me iba a Madrid. Él me contó que volvía a Argentina. Nos sorprendimos, nos deseamos suerte.

Iván Thays participó en una ceremonia alrededor del fuego, en una playa. Fue algo muy inspirador, aunque sin consecuencias. Hachinowi fue de campamento a un lago con su esposo y su perro Vincent. A las 11.11 meditaron y absorbieron las buenas energías del lugar. No sintieron que algo cambiara en sus vidas.

Respecto a la lotería, ese día perdí un millón de euros porque la cifra ganadora fue 56.850 y yo tenía el 55.860. Como puede verse, estuve muy cerca, son los mismos números, sólo el 6 y el 5 estaban en posiciones intercambiadas. 6 + 5 = 11.

Según la Wikipedia, el día 11-11-11 no ocurrió nada reseñable en el mundo.

UN FIN DE SEMANA CON MI MUERTE

Todos tenemos tumbas desde las que viajar. Para llegar a la mía debo ir al encuentro de unos desconocidos que van a llevarme en coche hasta un punto de la Cordillera Litoral catalana. El fin de semana formaré parte del taller *Vive tu muerte*. El gran reto de esta aventura será contar mi propia muerte en primerísima persona, espero que sin morirme realmente. En el prospecto del taller se habla de que seremos capaces de experimentar cosas muy parecidas a las narraciones de las ECM (experiencias cercanas a la muerte), como flotar sobre nuestro cuerpo, ver pasar la película entera de nuestra vida, atisbar una luz al final del túnel y a unos hombrecillos lánguidos y lejanos llamándonos con amor en el umbral donde se acaba todo. También, pienso, cabe la posibilidad de que me suban a un avión y termine en una isla donde pasan cosas raras. Por lo pronto estoy conociendo a algunos de mis compañeros de viaje.

—¿Nos vimos en *Reciclándonos*? —le pregunta el hombre.

—No, fue en *Mi lugar en el universo* —responde ella.

—Es verdad… ¿y ya lo encontraste?

—Aún no…

—¿Después de tantos talleres aún no lo has encontrado?

—Estoy en ello.

—A ti lo que te falta es el objetivo —dice, convencido, el hombre, que a pesar de todo el dinero que se ha gastado en talleres de autoayuda parece no tener claras algunas premisas elementales. Por ejemplo, que a una mujer no se la saluda preguntándole si ya sabe qué hacer con su vida de mierda. Se me ocurren varias cosas que decirles para solucionar los problemas de ambos y así ganarme un dinero: a él, que pruebe cerrando la boca de vez en cuando. A ella, que mande bien lejos a los tíos que quieren aparentar que saben más de ella que ella misma.

—Bueno, señoritas, ¿estáis preparadas? —Es la segunda vez del hombre en el taller de la muerte y dice saber de lo que habla.

—Hay que quitarse la ropa, ¿eh? Quedarse en pelotas, sí, señor.

La mujer y yo nos miramos. El hombre se da la vuelta y ahora me habla sólo a mí:

—Tú debes tener buenos pulmones porque eres de allá del sur, allí la gente tiene buenos pulmones. Los vas a necesitar. No quiero adelantaros mucho, pero os vamos a coger de los pelos y ahogar un poco…

Aunque está claro que nos está tomando el pelo, la mujer, que según dice ha venido convencida por su hermano —«Después de acudir al taller abandonó a su pesada novia y su odioso trabajo en el banco y se convirtió en una persona mejor»—, se horroriza y vuelve a lanzarme una mirada amablemente inquisidora.

—¡Eyyy, niña, descruza las piernas que no dejas fluir la energía! —dice el hombre.

Lo obedezco. Estamos a punto de llegar.

La sede del taller es una gran casa en la montaña. Está rodeada de árboles y desde allí se puede ver el Mediterráneo. La enorme piscina está vacía. En ese mismo momento se celebran diversos talleres vivenciales con otros grupos y temáticas. La educación emocional es un bien de lujo, pero algunos podemos permitírnoslo. En la recepción, al lado de la mesa de las infusiones, pago el precio del taller y me siento un poco sucia, igual que cuando pagas por drogas, algo que tampoco me gusta hacer. O como cuando le haces una transferencia a tu psicoanalista.

Pagar por el bienestar del espíritu no me parece normal. Tampoco pagar por una operación de pulmón, pero el mundo es como es.

Me instalo en una de las pequeñas habitaciones que voy a compartir con otras dos personas. Coloco mis cuatro mudas de ropa cómoda en el armario, mi neceser en el baño y, qué más da, salgo a socializar. Se supone que uno de los objetivos del taller es encontrarse plenamente con otros seres humanos, algo que a la gente común sólo le pasa después de cuatro copas. Una chica se sienta a mi lado.

—¿*Muerte*?

Le digo que sí.

—¿Tú…?

—También *Muerte*. Ya empezamos a perderle el miedo a la palabra, ¿eh?

—Eh…, así parece. —Le pregunto quiénes son esas mujeres vestidas de blanco.

—Son de *Pídele perdón a tu madre*. ¿Es tu primera vez?

—Sí.

—¡Qué envidia! Va a ser una de las experiencias más importantes de tu vida. Para mí es la cuarta vez.

La gente reincide, y eso, según cómo se vea, puede ser o muy bueno o muy malo. Suena una campana y entramos a la sala principal, llena de ventanales por los que se divisa el mar. Somos más de treinta personas en *Vive tu muerte* y ninguno de nosotros lleva zapatos. El director pide que nos presentemos y que digamos por qué hemos venido. Me mira y dice «Empieza tú», y no me queda más remedio:

—Me llamo Gabriela. Soy peruana, pero hace ocho años que vivo en Barcelona. He venido porque… temo a la muerte, últimamente más, y porque estoy desconectada…

Todo esto lo digo porque es verdad. Hay otras verdades, pero nos ha pedido ser breves.

Para venir, todos los asistentes hemos firmado un papel en

el que nos comprometemos a no divulgar nada de lo que ocurra aquí. Por eso he cambiado deliberadamente el nombre del taller y no utilizaré ningún nombre propio, ni siquiera el del director del taller, un intelectual muy conocido en Cataluña. También he rellenado un test psicológico, de esos que sirven para detectar nuestros puntos débiles. Se trata de valorar una serie de ideas de la 1 a la 18 y de la mejor a la peor. Por ejemplo, a la esclavitud le he dado un 15; a hacer estallar un vuelo con pasajeros, un 16; a quemar a un hereje en la hoguera, un 17; y a torturar a una persona, un 18.

Son respuestas sinceras. Supongo que soy una buena persona, pese a todo.

En sus turnos, los demás comparten sus razones, todas las cuales tienen que ver con encontrarse a sí mismos.

El director nos explica que esto no es una terapia. Dice que es un tiempo dentro del tiempo. Cuatro días en los que nos pasarán más cosas que en cuatro meses. Una experiencia de disolución del ego, que es, finalmente, lo que es la muerte. Un rito iniciático y catártico para matar al niño egoísta que todavía llevamos dentro, para colocarnos en el esquema cósmico, social y familiar. El miedo a la muerte es el miedo a la vida.

Dicho esto queda poco que agregar, salvo que el taller consiste en enfrentar algo tan aterrorizante como la «impermanencia». Se supone que vamos a descubrir amorosamente la grandeza de morir y de ayudar a morir, pues nos tocará ejercer ambos roles.

En ese marco, los asistentes debemos encontrar los problemas que limitan nuestra vida. La técnica para lograrlo: un tipo de respiración rítmica modificadora de la conciencia y marcada por música y sonidos, todo lo cual nos ayudará a tener una representación psíquica de la muerte, a curar heridas y a encontrar la causa de nuestro bloqueo.

Síntomas que indican la proximidad de la muerte y que vamos a vivir en el taller, ya sea como moribundos o como acompañantes: boca seca; deshidratación de la piel; uso de un lenguaje raro; necesidad de volver a casa y reconciliarse con alguien o algo; pérdida de peso; debilidad; huesos frágiles; vómitos; ganas de defecar y de expulsar todo lo extraño; estertores; movimientos involuntarios; mirada vidriosa.

El taller es a la muerte lo que un simulacro a un terremoto. Salvo quizá por el pequeño detalle de que aquí nadie se va a salvar.

Antes de irnos a dormir tenemos otra tarea: dibujar nuestro autorretrato en mesas colmadas de lápices de colores: trazo un mamarracho a lo Frida Kahlo con un corazón espinoso y un mouse encadenado a mi muñeca. Dentro de mi estómago he dibujado una Gabriela de dos cabezas: una ríe y otra llora. Típico dibujo para impresionar a los psicólogos, pienso. Cuando me voy a dormir empiezo a notar los primeros efectos del taller: no dejo de recordar las putas escaras en el cuerpo de mi abuela Victoria. La escara es piel muerta, la herida de guerra de los enfermos: estar postrada en una cama durante una década puede ser más destructor que una batalla. Sin poder comunicarse, sin poder reconocernos, difícilmente creo que haya podido decir adiós o ver alguna hermosa luz antes de irse. Pienso también en la última vez que vi a mi abuela Elena viva; llevaba varios años ciega por la diabetes, estaba en una camilla en medio del pasillo de un hospital público esperando una cama. Me pidió agua, tenía mucha sed, le di un sorbo en un vasito de plástico. Me dijo: «Me voy a morir, hijita, llévenme a la casa, no quiero morir aquí». Le mentí: «No te vas a morir, abuelita». Le di un beso en la frente y salí. Murió una hora después en ese mismo pasillo.

Hace cinco años que no me hago una revisión médica de rutina. Ni un miserable chequeo. Desde que parí me siento inmortal o me obligo a sentirme inmortal. Procuro enfermarme de cosas que pueda curarme con una simple visita a la farmacia. De un tiempo a esta parte, sin embargo, me he estado sintiendo rara. No sé cómo explicarlo, es sólo que no me encuentro bien. Un día me decido y pido una cita con el médico de cabecera, que a su vez me programa con la enfermera para una revisión general. También me encarga un análisis de sangre para ver qué tal. Tendré que esperar dos semanas por los resultados. La enfermera me pesa, me mide y me toma la tensión. No tengo nada, está claro, los médicos siempre me han considerado un fiasco. Es una idea ridícula, pero cada vez que salgo de un consultorio lo hago un poco decepcionada de no estar realmente enferma. No quiero estar enferma, claro que no, pero, por alguna razón, a mi ego lo incomoda ser tan poca cosa en cualquier sitio, incluso si ese sitio es un hospital. Por eso, cuando la enfermera me mide la presión y dice «La tienes muy alta», dentro de mí alguien sonríe. Quizá el diablo. Es una pulsión, un regocijo malsano, la venganza por todos estos años de salud intachable. «150/109», dice la enfermera. Lo normal es 139/89.

Tengo treinta y cinco años. Soy mujer. Es decir, soy joven y estoy hasta las cejas de progesterona. Dos factores que son hasta mejores que un seguro de vida de un millón de euros. Son dos razones de peso, me digo. 2-0. Gano yo. Pero resulta que no. No tengo una simple subida de tensión porque toda la semana siguiente dejo de comer sal y me alimento con verduras y vuelvo con la enfermera y 158/110. Me la miden en el brazo derecho y en el izquierdo, tres veces en cada uno. Por fin sale su científica eminencia —mi estado amerita la presencia del médico en persona—, que se pone a cuchichear con las enfermeras.

En esos minutos de incertidumbre, la presión se me va al techo, 159/115. Dice el médico que no es una subida puntual. Tampoco es el estrés, aunque a veces pareciera que voy a estallar en medio de todo como la bomba de un terrorista que ha confundido su objetivo.

Mi padre supo que tenía la tensión alta a los treinta y cinco años, mi edad actual, y, desde esa edad, se medica cada día. Mi abuelo murió de un infarto a los sesenta años. Mi abuela Victoria, de un derrame cerebral. Ya no puedo ganar. Me voltearon el partido. 3-2. Soy hipertensa. Padezco hipertensión arterial estadio 1. Es todo. Pero un momento, ¿cabe la gran posibilidad de que la tensión sea un síntoma de algo peor? ¿Qué tan malo? Algo horrible, probablemente, porque el médico mira la punta de su zapato. «Eso lo dirán los análisis», concluye. Aunque para eso todavía hay que esperar. Suspenso.

A la hipertensión arterial crónica la llaman «silenciosa plaga de Occidente» y es la principal causa de muerte en el mundo. No es el hambre ni el cáncer ni el sida. Se la llama así porque actúa de manera silente cambiando el flujo sanguíneo y es un factor de riesgo para enfermedades cardiovasculares o renales. La causa es desconocida en el noventa por ciento de los casos, pero casi siempre tiene que ver con la genética y los malos hábitos. ¡Bingo!

Nadie diría que soy una persona gorda, pero nadie diría tampoco que soy una persona saludable. Y ésa es una condición que he llevado con orgullo durante todo este tiempo, que me hace sentir viva y vivida, todo lo contrario a estar muerta: bebo, fumo, salgo de noche, me emborracho una vez a la semana y una vez a la semana muero de resaca, a veces me drogo, como comida basura, detesto la mayoría de las verduras, soy madre, no estoy bautizada, trabajo en una oficina, odio a la raza humana, soy esposa de alguien, veo series de TV en streaming hasta las tres de la mañana, no hago ejercicio, no tengo servicio doméstico, me paso diez horas al día frente a la pantalla, la única parte de mi cuerpo que se ejercita son mis dedos golpeando el teclado, como ahora. Es un milagro que mi culo no sea del tamaño del Brasil. Soy una periodista especializada en meterse en sitios y escribir en primera persona sobre experiencias extremas. ¡Ah!, y casi olvido lo más importante: adoro la sal. La sal gorda de preferencia, esos pequeños diamantes sobre un buen trozo de filete, y los aliños y salsas que de tan salados me ponen los ojos en blanco de excitación. Desde que era una niña, ahora recuerdo, mi tóxico ADN me empujaba a colarme subrepticiamente en la cocina cuando mi abuela Victoria se alejaba del fogón y a enterrar mi índice en el bote rojo de la sal. Una vez que lo lograba, corría con el dedo blanco y brillante de vuelta a la tele. Chuparme el dedo con sal mientras veía mis dibujos animados preferidos fue durante mucho tiempo una versión de la felicidad.

Hubo un tiempo que fue hermoso. En serio, lo hubo. Las resacas solían ser llevaderas. Y devorar hamburguesas y pollo frito no tenía consecuencias más allá del placer. No puedo decir con exactitud en qué momento se acabó esa impunidad. Es probable que fuera a partir de los treinta años. Pero yo no me di por aludida, decidí seguir siendo joven e insensata, lo que es consustancial a ser joven, y continué viviendo de la única forma que sabía, esto es: creyéndome inmortal, negándome a mirar las etiquetas de los productos y declarándome públicamente enemiga del mundo fitness y de sus devotos. Sólo de vez en cuando un fallo en la matriz me hacía pensar que algo podía no estar bien, por ejemplo una leve aceleración de mi ritmo cardíaco, como si se hubiera colado un salvaje con un tambor en la magnífica orquesta de cámara de mi pecho.

Me toco y constato que los granos siguen ahí, en mi cara. También me paso la mano por el vientre y compruebo que sigue abultado, como una barriga de cuatro meses de embarazo a la que ya estoy acostumbrada. Hace algún tiempo dejó de preocuparme mi perfil en los escaparates. Me acaricio el cuello y siento mi creciente papada. Pienso en todo eso, en la incomodidad con mi cuerpo y en la imagen mental que tengo de él (donde prefiero que no intervenga la imagen real). Pienso en que hace mucho que dejé de pensar en él o que quizá jamás lo hice.

En casa son extraños los días que siguen a las malas noticias sobre mi tensión. No es para menos, se trata de empezar una dieta estricta para convertirme en ese ser a quien no me molestaría en dirigirle la palabra ni siquiera si nos quedáramos atrapados en un ascensor. No puedo beber alcohol, tal vez sí una copa de vino o dos, pero yo no concibo una visita al bar sin emborracharme, así que dejo de salir. Mis amigas me prometen que dejarán las rayas y el gin tónic por mí, que se pasarán al porro y al vino blanco, pero está claro que mienten. Empiezo a considerar un cambio de amistades. La comida sin sal, por otro lado, es igual a no comer.

El panorama no podría estar completo sin su dosis de fármacos. Debo tomar cada día, y en principio durante tres meses, dos pastillas de cinco miligramos de Enalapril, cuya caja de sesenta comprimidos vale, para mi desconcierto, veinte céntimos. La lista de posibles efectos adversos ocupa el cincuenta por ciento del prospecto. ¿Se supone que debo meterme esa cantidad de píldoras baratas en el organismo durante toda mi vida? Me encuentro un día con un amigo y me cuenta que él sufre de lo mismo, que se pasa el día comiendo ajo y no toma pastillas para la tensión alta porque «quitan el apetito sexual». Al oír esto, otra gran amiga me recomienda que me suicide. A esto se suma el acoso y derribo al que he quedado expuesta ahora que todo el mundo tiene algo que decir de mi salud, sobre todo mi familia, que otra vez se toma la libertad de sobreprotegerme a sus anchas. Sufro varios episodios de ansiedad pensando que en cualquier momento me dará un infarto y, como broche de oro, al medirme la tensión cada dos por tres, empiezo a ser muy popular en las farmacias del barrio. Una noche, como todas las noches, me quito la ropa delante del espejo y veo una leve mancha roja en mi pecho derecho, justo al lado del pezón. La toco. Es una masa. Algo duro. Es algo que, estoy segura, no estaba ahí antes. Entonces grito.

Diario de *Vive tu muerte*
Parte uno

La primera parte de esta crónica está escrita desde la distancia irónica en la que casi siempre me instalo porque creo que así escribo mejor. Sólo que ahora ya no quiero hacerlo así. No estaría siendo justa con la experiencia ni con los que imparten el taller ni con las personas que estaban ahí dándolo todo y abriendo su intimidad a los demás. Tampoco sería justo para los lectores o para mí. Voy a copiar aquí un fragmento del diario que llevé ese fin de semana porque así el que lea esto sabrá exactamente de qué pie cojeo:

Nos han quitado los móviles, así que no sé qué hora es. Muero de cansancio. En una hora tendremos que volver. Hoy toca respirar. La mañana ha sido divertida. Hemos bailado durante dos horas, música electrónica, salsa y una canción absurda llamada «Mi novio tántrico». A continuación hemos hecho ejercicios de contacto con el otro: mirarnos a los ojos sin hablar, tocarnos, golpearnos. Me tocó con un tío guapísimo y musculoso, sus caricias me estremecieron. Después me ha gustado sobre todo un ejercicio en el que tenías que hablar sin parar mientras el otro escuchaba sin decir palabra. Yo hablé de mi familia, de Jaime y Lena. Mi pareja, en esta ocasión una chica joven, estaba muy triste. Me dijo que la alegraba saber que yo era feliz. Me hizo sentir feliz con mi vida. Lloraba y yo no podía decirle nada porque estaba prohibido. Esto es parte de la doble experiencia: reprimir las ganas de ayudar al otro porque en realidad, llegado el momento, nadie puede ayudarte. Vivir juntos, morir solos.

Nos pasamos mucho rato dejándonos caer de espaldas desde lo alto a un colchón, perdiendo el miedo y, como dicen ellos, «soltándonos».

Lo que más me gustó fue el ejercicio del ciego y el lazarillo. Yo fui un pésimo lazarillo, casi mato a mi partner, que ahora era un señor mayor. Lo hice correr y tropezar tanto que tuvo que sentarse y no pudo seguir. Cuando me tocó el turno de ser la ciega, mi compañero, en cambio, fue amorosísimo, me sacó fuera, me hizo oler y tocar la hierba, mojarme con el agua de la fuente, sentir la brisa y el calor del sol. Es probable que el taller esté haciendo efecto, tocando mis fibras más sensibles. Cada vez que hacemos un ejercicio, alguien llora. Después de comer veo a un niño que vive aquí jugando con dos perros. Recuerdo que el director ha dicho que deseemos algo con mucha fuerza. Deseo eso, más momentos de sol, un jardín enorme y perros con los que Lena pueda jugar. Fuerza y paciencia para criarla con felicidad. ¿Me estarán brillando los ojos como a toda esta gente? ¿Tengo ya una sonrisa piadosa y ganas de abrazar a todo el mundo? No, no estoy en paz conmigo misma, eso no va con mi personalidad. Mi posición en este taller no es la más fácil: por un lado, siento que tengo que estar consciente para escribir esta historia al regresar, una historia sobre si es posible ensayar la muerte, con un mínimo de mirada crítica. Porque, aceptémoslo: la muerte no puede ensayarse, la muerte es un show en vivo y en directo, pura improvisación. Y, ¡qué más da!, asomarse a ella tampoco nos va a vacunar contra el horror al vacío. Por otro lado siento que pensar así, con tan poquita fe, me impide comprometerme, en todo, no sólo en esto. Y quiero intentarlo, realmente quiero hacerlo. Este taller está lleno de personas disfuncionales, solas, tristes, que tienen algún dolor y no saben de dónde viene. ¿Soy superior a ellas porque no me tomo nada en serio o soy todo lo contrario precisamente por eso? ¿Soy superior por considerarme una persona feliz? No puedo seguir engañándome pensando que los locos y los disfuncionales son los otros para seguir disparando ingeniosas frases al cielo.

Diario de *Viva mi muerte*
Parte dos

La sesión ha terminado cerca de las dos de la mañana. Hoy respiró la mitad y mañana le toca a la otra mitad. A mí me toca mañana, así que hoy fui cuidadora. La consigna es no intervenir en la experiencia de los otros aunque los veamos sufrir. Podemos actuar sólo si ellos nos lo piden. Mi moribunda fue una mujer de unos cuarenta años. Hay que tener paciencia y humildad para ser cuidador. Me he pasado largas horas a su lado humedeciéndole los labios, con una bolsa de plástico para recoger sus vómitos. El que respira está acostado, con los ojos tapados. El que cuida, lo vela en su lecho de muerte.

Nos hemos colocado en círculo, como en un ritual. De hecho, el taller en sí está inspirado en las sesiones chamánicas con la ayahuasca, la famosa planta enteógena. Cuando ya estábamos en nuestras posiciones empezó la música. El director iba guiando la sesión dando ánimos, pidiéndoles valor para irse al más allá y tocando de vez en cuando el tambor. La música es clave porque te hace viajar por estados emocionales diversos, de lo más aguerrido a lo más pacífico. Así que, de alguna manera, el director también es una especie de DJ. Entre los temas hubo desde canciones místicas insufribles hasta la *Cabalgata de las valquirias* de Wagner. Me emocionó oír a Mercedes Sosa cantando: «Soy pan, soy paz, soy más: vamos, decime, contame todo lo que a vos te está pasando ahora / porque si no cuando está tu alma sola, llora. / Hay que sacarlo todo afuera, como la primavera. / Hablar mirándose a los ojos, sacar lo que se pueda afuera / para que adentro nazcan cosas nuevas, nuevas / nueeeevas». Las respiraciones se parecen a las del parto, aspiraciones y espiraciones cortas y rítmicas. Algunos respiraban sentados, o incluso de pie, hasta que la catarsis, por fin, se desataba. Cuando alguien se quejaba de dolor, podías solicitar al director que se acercara para manipularte. Lo que hacía era presionar algún músculo que provocaba en la gente un dolor agudo y un grito de desahogo. Vi a la gente reír y llorar, revolcarse de dolor, gritar como si algo hubiera estallado en mil pedazos en su interior, y eso es imposible que no te revuelva a ti mismo por dentro. Cuando mi moribunda pareció quedar en paz, la cubrí con una sábana. Se había ido.

He estado pocas veces cerca de la muerte. Quizá por eso le temo tanto. Para quienes la ven todos los días, como los agentes funerarios, la muerte es un hecho habitual, como dormir y despertar. Mis padres siempre cuentan la anécdota de la época en que, siendo muy pequeña, aprendí que la gente se moría. Desde ese día, cuando me hablaban de cualquier persona, yo siempre preguntaba «¿Y ya se murió?». Risas.

Los niños ven la muerte como algo extraño y fascinante. No sé en qué momento la muerte deja de ser una palabra en un cuento de hadas y se convierte en una circunstancia real. Sin embargo, pasamos gran parte de la vida pensando la muerte como algo remoto y, sobre todo, ajeno, que sólo les ocurre a los otros, a gente sin suerte. Hasta que esa engañosa idea da paso a la percepción dolorosamente física de que un día también nosotros nos extinguiremos sin remedio. La vida adulta es palpar incesantemente la Nada con los dedos de la imaginación. Es lo malo de tener creencias precarias, de ser pesimista y mínimamente inteligente. Más que el instante mismo de la muerte, que ya da bastante miedo, los seres humanos tememos la incógnita de la desaparición. Philip Larkin lo dice mejor: «Ningún ser racional / puede temer lo que no siente sin darse cuenta / de que eso es lo temido: ni vista ni oído / ni tacto ni gusto ni olfato, nada con que pensar, / nada a que vincularse y nada que amar. / La anestesia de la que ninguno regresa».

Mi primer muerto fue mi abuelo Carlos, el del infarto. Yo tenía nueve años y mis padres me lo contaron días después del entierro. No vi ni su ataúd. En las misas de difuntos jamás me he acercado al muerto. No he visto los cadáveres de mis perros. Sólo me atreví un segundo a asomarme a la habitación del tanatorio donde mi madre vestía a mi abuela Elena y pude ver su pie, ladeado, en la misma cómoda posición que solía tener cuando estaba echada en la cama escuchando la radio. Fue como verla viva. Tampoco vi el cuerpo de mi abuela Victoria porque terminó de morir cuando yo ya estaba en España. La única vez que me atreví a fisgonear en un cajón fue el cajón de mi tío abuelo Máximo, y sólo porque casi no lo conocía.

Nunca he visto la cara muerta de alguien al que amo. Ésa es otra de las cosas que compiten en mi ranquin de cosas terroríficas.

He tenido miedo a morir infinitas veces, sobre todo en los aviones, pero sólo una vez me despedí de todos, dije adiós a mi familia. Una ola furiosa del Pacífico me revolcó varios segundos en la orilla y en medio del remolino de la espuma, con los ojos abiertos, pensé que moriría, pero salí a la superficie. Durante los años de la guerra interna en el Perú tuve más miedo a la muerte que nunca. Creía que en cualquier momento estallaría un coche bomba en mis narices o que los terroristas y los militares vendrían a casa a cortarnos las cabezas. Mi padre es periodista y recuerdo bien la madrugada en que lo despertaron para contarle que ocho colegas habían sido asesinados en un pueblo llamado Uchuraccay, en Ayacucho. Viajó de inmediato a la zona y pude verlo en televisión rodeado por las bolsas negras que contenían los cadáveres. Acudí gritando «justicia» a la enorme romería del entierro en Lima. Tenía seis años y aquel Perú era el más violento de su historia. Desde que tengo una hija temo morir casi de cualquier cosa. De hecho siento tanto miedo que no paso por debajo de los edificios en obras ni bajo las grúas que llevan cemento ni cruzo con el semáforo en rojo. Procuro que detrás de mí en el metro no haya un psicópata que quiera empujarme. Si algún neonazi me insulta, ya no le contesto.

Cena en casa de una pareja de amigos. El padre de ella se está muriendo de cáncer. «Es duro estar al lado de alguien que se muere, es gente que pasa en minutos de un estado de ánimo terrible a otro estado de ánimo terrible», me dice. A los pocos días se muere la madre de un amigo. Otro cáncer fulminante. Mi padre y su hermano, mi tío, superaron hace unos años un cáncer de colon. Es decir, en mis genes no sólo pone la T de tensión, sino también la C de cáncer. Sin olvidar la D de diabetes. Tengo la ligera sospecha de que un cuervo se ha posado en mi árbol. A «la niña blanca», como le dicen los mexicanos, se le debe haber perdido algo por aquí. No es casualidad que acabe de matar a mi hermana en un cuento. Y no he hecho testamento, no tengo un último deseo y no me imagino cómo será mi vida sin mí.

A veces me pregunto si no estaré somatizando mi desesperada ingesta de las cinco temporadas de *Six Feet Under*. En los últimos dos meses no he visto otra cosa y me siento alienada, como si me hubiera metido en la serie o me fuera a morir mañana. En cada comienzo de capítulo muere alguien; es decir, en cinco temporadas vemos unas sesenta maneras de morir: por accidente, enfermedad, asesinato o vejez; en paz, prematuramente, violentamente... En el capítulo final, un *flashforward* nos muestra la muerte de cada uno de sus personajes en escenas que duran sólo algunos segundos y acaban con sus nombres y fechas de defunción. Es la primera vez que pienso en la fecha del año en que moriré. Si vivo todo lo que tengo que vivir y muero naturalmente a la edad en que muere el promedio de la gente, podría morir en el año 2050. Si he tenido la gracia de heredar los genes de mi abuelo, que tiene noventa y tres años y está en perfecto estado, quizá pueda alargarlo hasta el 2060. Pero no más. No veré el 2070, ni el 2100. Según la web *eldiadetumuerte.com* voy a morir a los sesenta y dos años. «Te quedan 9.907 días, 00 horas, 14 minutos y 56 segundos», me advierte. Para *tusmiedos.com*, moriré el 30 de diciembre de 2040 por suicidio al perderlo todo. En *mimuerte.com*, muero en el 2024 haciendo parapente. Según *estarmuerto.com*, moriré dentro de dos años a causa de una paliza que me va a dar mi marido. En internet hay muchos vídeos de gente hablándose a sí misma donde narran cómo creen que serán sus muertes. Son divertidos. Veo a una chica de veinte años decir que se va a morir de cáncer de pecho a los treinta, que lo sabe desde que era niña, aunque por el momento está completamente sana. La muerte está más acá que allá.

En *Un mar de muerte*, David Rieff escribe sobre la enfermedad y muerte de su madre, Susan Sontag, sobre su profundo miedo a la muerte tras padecer hasta tres veces un cáncer a lo largo de su vida. Cita una frase de los diarios íntimos de la escritora: «La muerte es insoportable a menos que puedas trascender el yo». Rieff asegura que, a diferencia de otras personas, Sontag no lo logró, en parte por culpa del «cáliz envenenado de la esperanza». Por ejemplo, los últimos poemas que escribió Bertolt Brecht en su lecho de enfermo, dice Rieff, hablan de la reconciliación del artista con el hecho de la muerte, como en el poema en que ve un pájaro posado en un árbol, cuyo canto le parece hermoso y aún más hermoso saber que cuando él muera el pájaro seguirá cantando en ese árbol. «He conseguido disfrutar también del canto de cada mirlo que venga después», escribió el alemán.

Sontag, en cambio, herida de mortalidad, nos dejó esta frase: «En el valle de la tristeza despliega tus alas».

Mi grito asusta a mi marido. Jaime corre a la habitación y me encuentra llorando de nervios cogiéndome una teta.

—¡Es una bolaza! ¡Cómo no te has dado cuenta antes!

—¿¡Y tú cómo no te has dado cuenta antes?! ¿Ves que está rojo?

—Sí, está rojo.

Mañana iremos al hospital a primera hora. Me miro una y otra vez en el espejo. Tengo miedo de tocarlo. Eso no estaba ahí hace unos días, si no lo hubiera notado. Jaime me dice que en caso de que fuera un tumor, y no estamos seguros de que lo sea, sería tratable. Recuerdo la escena del libro en que Rieff cuenta cómo le extirpan el pecho a Sontag, una operación violentísima que, para barrer todas las células enfermas, debe arrancar gran parte del músculo del pecho.

Me veo a través del espejo y cierro los ojos.

Estoy cansada. Me agota ser adulta, tener que hacerme cargo de todo y, por eso, muchas veces he tenido ganas de enfermarme para que me cuiden y no hacer nada de nada. ¡Sería tan feliz si pudiera quedarme en esta cama viendo teleseries todo el tiempo y aspirando comida líquida por una cañita! He repetido muchas veces ese peligroso mantra y me pregunto si ese deseo inconfesable tendrá algo que ver con mi reciente hallazgo ante el espejo.

Esa noche, Jaime y yo no jugaremos, como otras veces, con la idea de morirnos, no hablaremos de quién morirá primero, de en qué océano esparciremos las cenizas del otro o de con quién nos gustaría casarnos en segundas nupcias en caso de viudez. Ya no tiene gracia. Callamos y esperamos que amanezca.

Las urgencias ginecológicas comparten sala de espera con los partos. Miro a los maridos merodeando y a las doctoras ocupadas en traer vidas al mundo. Finalmente es mi turno. La enfermera me pide que entre sola. Oigo llorar a un bebé. La doctora me ausculta. Palpa mis pechos: «Ya lo veo –dice–, ya lo siento». Síncope.

Mientras me tocan la teta intento aferrarme a algo. Algo que no sea esa palabra que no quiero pronunciar y que, sin embargo, está en la cabeza de toda mujer a la que una ginecóloga le revisa un bulto en el pecho. Pero sólo consigo pensar en otro libro que irónicamente estoy leyendo también por estos días: *De vidas ajenas*, del francés Emmanuel Carrère, una historia sin ficción sobre dos acontecimientos que sobrecogieron al autor en pocos meses: la muerte de un hijo para sus padres y la muerte de una mujer para sus hijos y su marido. Allí encuentro la referencia a *Bajo el signo de Marte*, el libro de Fritz Zorn que éste entregó in extremis a su editorial antes de morir. Allí mete el dedo en la llaga de la relación entre una vida insípida y el cáncer. El libro arranca sin concesiones: «Soy joven, rico y culto; soy infeliz y neurótico; estoy solo. Provengo de una de las mejores familias de la orilla derecha del Lago de Zúrich, también llamada Costa Dorada. He tenido una educación burguesa y me he portado bien toda mi vida. Por supuesto también tengo cáncer, cosa que se infiere automáticamente de lo que acabo de decir [...]. El cáncer es una enfermedad del alma de la que sólo puedo decir: es una suerte que finalmente haya hecho eclosión».

Jaime está esperándome afuera. Salgo por la puerta y le sonrío. Él me sonríe. Me siento en sus piernas. Lo abrazo. Él me abraza. Nos quedamos así largos minutos. Sólo tengo una mastitis no puerperal (que no ocurre durante la lactancia), una lesión inflamatoria del seno.

Mi tumba es este colchón en el que voy a viajar. Tengo los ojos tapados. Mi cuidadora promete que estará atenta. Respiro con fuerza, respiro y respiro y respiro, pero sólo pienso en estar ahí, en las caras de los compañeros. Creo que no les caigo bien. ¿Es posible que yo me sienta un ser simpatiquísimo pero que nadie en este taller se dé cuenta? Las ideas que vienen a mi cabeza me hacen pensar que estoy a años luz de reconciliarme conmigo misma. O será el instinto de supervivencia, que no me deja pasar al otro lado. Pero sigo, lo intento, respiro cada vez más rítmicamente. Me está costando, con lo fácil que sería tomar LSD o beber un sorbito de ayahuasca y así nos ahorramos pasos. Me ayuda a concentrarme el tema de *Star Wars*. Es ridículo, lo sé, pero me recuerda a Jaime y a Lena. Los veo. Escucho gritos de algunos de los compañeros que ya empezaron sus viajes. Ya me siento casi catártica. Empieza a dolerme la espalda y pido que me manipule el director. Viene y me retuerce el omóplato. El dolor es intenso. Me dice al oído: «Grita, Gabriela, grita, ¿qué le dirías a tu madre?». No sé de dónde habrá sacado lo de mi madre, quizá de mi dibujo o del test de los valores. Lo único que sé es que es efectivo. Yo suelto mi grito de niña, el de las noches demasiado oscuras, el de la soledad y el miedo: «¡Mamá, mamá, mamáááá!». Lloro como una desgraciada. Lloro como no lloraba hace años. Lloro en estéreo. Lloro tanto que pienso que he venido aquí para deprimirme. Lloro y discurro por mis temas tristes. Lloro y me pregunto si algún día podré dejar de llorar como una niña. Lloro y recuerdo que ya no soy la niña, que ahora hay otra niña y que tengo que cuidarla. Lloro porque soy hija de todos: de mi madre, de mi marido, de mi hija. Lloro por miedo a fallar como madre. Le pido perdón a mi pequeña por ser la persona infantil que soy. Le prometo que seré firme, paciente y feliz para ella. Entonces me entrego a la oscuridad más absoluta, dejo que llegue, que me envuelva como el abrazo de un enorme animal que me traga y escupe mis huesos. Ahora formo parte de su brillante pelaje. La oscuridad por primera vez es tibia, como un sol negro; mi mente se expande en ella. El llanto es un medio para vaciar el contenido. Ya estoy vacía, como siempre que he llorado más de la cuenta, pero no estoy triste porque no he perdido nada. Me voy con todo lo que soy. En el juicio final —me dice esta experiencia—, el juez y el acusado son la misma persona. Y ahora veo un paisaje hermoso y la dichosa luz al final del túnel —la fantasía cultural de la resurrección y la intuición del misterio—, el camino a la suspensión de todo dolor, de todo miedo. Sonrío para adentro. Si la muerte es así no me importaría morirme mañana. Siento que alguien me cubre con una sábana. Me he ido.

La buena noticia es que de esta anestesia sí se regresa. Al día siguiente, en la reunión de cierre del taller donde todos contamos nuestra experiencia, el director me propone un ejercicio: que me vaya a una esquina y escriba una lista de las cosas que me hacen bien y una lista de las cosas que me hacen mal.

Cosas que me hacen mal: estar todo el día conectada a internet, ver el Facebook, las facturas, el KFC, el alcohol, las drogas, no estar con mi hija, mi infantilismo, el mundo literario, la presión de tener que escribir, el desprecio de la gente, la frivolidad, las injusticias, no estar en Lima, la sal, no hacer ejercicio, juzgar, juzgarme.

Cosas que me hacen bien: el sexo, el amor de Lena, el amor de Jaime, dar amor, ser amada, cocinar, escribir, dormir, salir y ver el sol, ver series con Jaime, reír, no hacer nada en absoluto, hacer algo bien, la ternura, no estar en Lima, llorar, comer sano sin sal.

El instinto de supervivencia es moralista.

Es hora de dejar el taller y aplicar sus enseñanzas en la vida diaria. Los participantes son, de repente, los mejores amigos, intercambian mails, hacen planes, se avisan de nuevos talleres para reencontrarse y seguir buscando su lugar en el universo.

No ha sido una de las experiencias más fuertes de mi vida, como prometió aquella chica, pero me siento bien, en armonía, tanto que sigo soltándome y me voy a caminar sola y plena por el campo; sigo un camino que se interna en el bosque, camino y camino sin mirar atrás, me alejo mucho sin darme cuenta y, de pronto, me quedo quieta y, al mirar a mi alrededor, en medio de esa soledad natural, vuelvo a ser yo: es decir, me da miedo que salga un animal y me coma, y recuerdo que debo volver a casa, el único lugar donde me siento segura.

Le quito piojos a Lena mientras ve televisión junto a su amigo Gael. Han vuelto a contagiarle piojos en el colegio. Arrastro uno con el peine y lo mato. Lena está viendo *Las increíbles aventuras de Asha*. El capítulo trata sobre la muerte del pez de Asha. Un amigo le explica a Asha que después de la muerte hay tres caminos posibles: la desaparición, el cielo o la reencarnación.

—¿En qué te reencarnarías? —le pregunto a Lena, pero no contesta.

»¿En qué te reencarnarías, Gael? Yo, por ejemplo, me reencarnaría en un árbol...

—Yo, en un león.

—¿Y tú, Lena? —insisto—. Ya pues, di en qué. ¿En flor? ¿En mariposa? ¿En una princesa?

—En mí misma y ya está.

Los análisis de sangre descartaron problemas con el colesterol, los riñones y el azúcar. Estoy perfectamente salvo por la tensión. Mi dieta es bastante aburrida y he logrado bajar mucho peso. En tres meses volverán a mirarme la tensión y, si sigo como hasta ahora, es probable que me suban la dosis de Enalapril y que siga tomándolo de por vida. A partir de ahí, todo es impredecible.

Aún no sé dónde quiero que esparzan mis cenizas. Un buen lugar sería el Amazonas, en el río Nanay, que pasa junto a Manacamiri, un pequeño pueblo de Loreto, Iquitos, donde Jaime y yo fuimos muy felices. O quizá, para no pecar de exotismo, en el Mar de Grau, en Lima, donde espero volver a vivir algún día, o en el Mediterráneo, si no vuelvo. En los años de vida que me quedan, que espero sean muchos, no hay que descartarlo, tal vez aparezca en este valle de tristezas y alegrías otro sitio significativo donde desplegar las alas.

En mi lápida imaginaria, la muerte sigue siendo un espacio en blanco por llenar. Y la lluvia hace crecer la hierba salvaje.

LLAMADAS PERSONALES

MEMORIAS DE MIS PUTOS HOTELES TRISTES

Mi primer hotel para tirar estaba al lado de mi casa, en la avenida San Felipe, cerca del Canal 2, el mismo donde, tiempo después, Sendero Luminoso haría explotar una bomba, y frente al cine de barrio en el que vi por primera vez *Pulp Fiction*. A los dieciséis años, entrar por primera vez a un hotel para tirar era casi tan importante como entrar a la universidad después de varios intentos. Estar a solas en una cama, bajo un techo y detrás de una puerta, eran altas aspiraciones para una menor de edad que solía tener sexo en las escaleras de los edificios del conjunto habitacional donde vivía con sus padres y con más miedo a ser descubierta una mañana de colegio desnuda en su cama de niña y envuelta en una nube de marihuana que a las bombas de los terroristas. Aún no tenía derecho a llevar la llave de casa, quizá por eso, de mi primer hotel recuerdo el peso del llavero de vieja madera en mi bolsillo y la forma en que colgaba de la cerradura por dentro.

También recuerdo haber descubierto que entrar a un hotel para tirar me quitaba las ganas de tirar.

Tener sexo en esos días era tener sexo en la calle, en los parques, en los autobuses destartalados, en los entrepisos meados, en los portales y en los baños de las discotecas. No estos encuentros pactados (como la noche de bodas de un matrimonio arreglado) en que empezaron a convertirse mis estancias en un hotel por horas. Burocracia del deseo. Banquete con menú. Vida con guion. Ropa fuera. El tiempo vuela. Y el dinero también.

Ya adulta, siempre consciente de que me aburría hacer el amor en los hoteles, solía hacer otras cosas; por ejemplo, aprovechar el tiempo, la intimidad o la claustrofobia para pelearme con quien estuviera compartiendo en ese momento mi cama de hotel. Si me peleaba con mi pareja, huía a un hotel a encontrarme con algún amante, pero en el nuevo hotel terminaba peleándome con mi amante, así que me iba a la calle a encontrarme con un segundo amante con el que también iba a un hotel. Así la ruta de los hoteles y su corriente de insatisfacción era interminable. Mientras hacía el amor con el cuarto amante en un hotel, me daba hambre o recordaba que no había sacado al perro o me ponía a imaginar los cuerpos de las parejas que gemían en los cuartos contiguos con sus delgadas paredes de madera. Casi siempre acababa dando golpecitos a la pared para ver si podíamos entablar algún tipo de conversación con los vecinos sobre lo endeble de las paredes.

Cuando trabajaba en la redacción de un enorme periódico, aprovechaba la hora de la comida para ir a un hotel del centro de Lima y me alojaba un par de horas para comer, hacer una siesta y refrescarme un poco. Un hotel para tirar es a veces un hotel para no tirar.

Una vez me quedé más de una noche en un hotel, algo absolutamente impropio de una usuaria como yo, que ni siquiera se daba un baño después del sexo por miedo a que alguien adivinara por su pelo mojado que venía de un hotel para tirar. El hotel hacía esquina con una de las calles más pintorescas del centro de Lima, Caylloma, el jirón de las prostitutas. La habitación era amplia y antigua, con dos camas individuales separadas y un balcón desde donde podía verse a las putas esperando clientela. Una noche, mientras el hombre que me acompañaba dormía, salí al balcón desnuda y empecé a cantar. Las putas se arremolinaron debajo de mi balcón como si yo fuera a dar un discurso presidencial. Los coches tocaban sus bocinas. Las putas me abucheaban y me pedían que saliera de ahí. Pensaban, acaso, que les hacía competencia desleal, que me burlaba de su oficio. O simplemente había algo demasiado irónico en regalar la visión de mi cuerpo en un lugar donde todo se paga.

Desde ese mismo balcón, el hombre que me acompañaba lanzó a la calle de las putas —en medio de una de esas peleas de hoteles para tirar— mi ejemplar de bolsillo de *Desayuno en Tiffany's*, que yo leía segura de que mi espíritu era tan ligero y conmovedor como el de Holly, el espíritu de una prostituta de lujo. Decidí salir a buscar mi libro perdido, pero me distraje dando vueltas por los pasillos del hotel sin zapatos y en pijama. Escuché de pronto una música maravillosa. Salía música de alguna parte. Música en vivo. Era fácil seguirle la pista. Llegué hasta una puerta y toqué. Había por lo menos veinte personas metidas en una habitación, hombres y mujeres, negros, cholos y vagabundos con instrumentos, con cajones, guitarras y violines, cantando, improvisando como en la calle, en los parques, en los autobuses destartalados de Lima, y esa noche yo también tenía mucho que cantar. No era «Moon River», no recuerdo qué canción era, pero ellos hicieron todo lo posible por acompañar mi canto, y pensé que eso era, exactamente, lo que debía hacerse en un hotel para tirar.

TRES

Nunca pude ser fiel. Desde que descubrí el placer fuera de las cursis paredes del cuarto de baño no he dejado de violar los pactos de amor más sagrados. Al principio lo atribuí a mi falta de carácter o a mi escasa habilidad para imponer mis deseos frente al Otro, para vivir con cierta coherencia. ¿Cómo disfrutar de buen sexo delictivo sin sacrificar los domingos de película y desayuno en la cama? ¿Cómo reservarme la emoción de los encuentros clandestinos sin dejar de dormir abrazada a un cuerpo amado y protector? ¿Cómo vivir sin una carta bajo la manga? Una maldita y viejísima voz me ha susurrado durante años: «No puedes tenerlo todo. Debes elegir». Pero yo nunca he podido elegir. Lo quería todo. Y lejos de achacar mis contradicciones a la «sociedad» o a la «educación católica» decidí subvertir el amor, ese modelo imperfecto, esa trampa mortal que me había condenado irremediablemente a las miserias de la doble vida. Así inicié una guerra de guerrillas. Si todavía no estaban fijadas las bases para una auténtica revolución humana me veía en la obligación de trabajar por el cambio: participar en reuniones clandestinas con mis ocasionales amantes, escribirles cartas cifradas y perpetrar ataques indiscriminados contra los objetivos reaccionarios; es decir, contra mis parejas. Me creí el personaje de la infiel vengadora que lucha por la libertad al margen de la ley. Salía por las noches, con mi antifaz y mi traje de látex remendado, a colocar pequeñas cargas de dinamita junto al muro de la monogamia. Volvía al amanecer, más sola que nunca. Y más feliz. He sido infiel a todos, una noche y muchos años. Lo he sido en una escalera, en varios autobuses, en decenas de hoteles sin estrellas y bajo un cielo estrellado, en una playa, en un parquin, en un museo, en un abismo, en sus narices. He sido infiel un Viernes Santo, un Día de la Madre, una Navidad y hasta durante un golpe de Estado. Borracha, sobria, recién levantada y a punto de dormirme. Les fui infiel con mis vecinos, con mis compañeros de estudio, con mis colegas del trabajo, con mis exnovios, con mis amigos, con mis amigas, con sus mejores amigos, con sus otros yos, con extraños fascinantes y con simples extraños. Con seis el mismo día, con dos la misma noche, con tres en la misma cama. Fui infiel sobre todo a mis infidelidades. Y, por supuesto, me casé con una de ellas.

Una vez, Jaime me contó que el primer libro que recuerda haber tenido en sus manos, aun antes de saber leer, fue un ejemplar de *Otelo* que aún conserva. Puedo dar fe, sin embargo, de que el demonio de los celos, ese «monstruo de ojos verdes que se burla del pan que lo alimenta», no tuvo para él una forma concreta ni un aspecto tan amenazador hasta que me conoció.

Jaime es poeta y, aunque intenta desesperadamente actuar como un ser racional, suele comportarse como un superhéroe al que un desconocido villano le ha quitado sus superpoderes: es ensimismado, impenetrable, nunca sabes qué está pensando realmente; alguien podría decir que es un verdadero saco de complejos, pero, de esto no tengo la menor duda, no hay un ápice de egoísmo en él. Es noble y verdadero. Responde más o menos a la idea que compartimos él y yo de lo que debe ser un hombre. Supongo que por eso estamos juntos.

Por esa época yo estaba en medio de una relación agónica y Jaime se convirtió en mi amante. Para él, sin embargo, yo no era nada más que una aventura ocasional, jamás dio una sola muestra de interés romántico hasta que rompí definitivamente con su rival. Además, Jaime era inocente. Era yo quien decidía mentir, era yo quien engañaba. Al menos, eso era lo que él quería creer. Jaime se veía a sí mismo como un simple recambio dentro de mi historia y se sentía bastante cómodo con eso. Pero entonces ocurrió algo inesperado: nos enamoramos.

Uno de mis escritores favoritos, Philip Roth, escribió: «Si no te vuelven loca los vicios de tu marido te vuelven loca sus virtudes». Un año después de empezar nuestra relación, Jaime y yo vivíamos juntos. Éramos muy diferentes, pero habíamos decidido entregarnos por completo a nuestra pequeña y nueva familia. Yo pensaba que con ella había cerrado una etapa y ante mí se abría el hasta entonces incomprensible y esquivo paraíso de la monogamia. Jaime estaba encantado. En muy poco tiempo había dejado de ser el amante cínico para convertirse en el compañero protector. Verlo era como estar frente a uno de esos actores que aseguran haber esperado toda su vida ese papel. Pero poco tiempo después nuestras diferencias empezaron a hacerse patentes. Mis fantasías, mis excesos, todo el andamiaje sobre el que hasta ese momento yo había basado mi identidad sexual, a Jaime le repelían. No soportaba la intromisión de nada ajeno a nosotros mismos en nuestra cama, ni siquiera si se trataba de una simple fantasía. No era que yo misma no sintiera celos; de hecho, la sola idea de que Jaime se enamorara de otra o de que se sintiera emotivamente ligado a alguien que no fuese yo me llenaba de angustia. Pero en el caso de Jaime esas sensaciones estaban casi exclusivamente ligadas a lo sexual. Sus celos, además, eran como los de la mayoría de los hombres: retroactivos. Esto es algo que nunca entenderé. Para mí, pedirle (casi exigirle) a Jaime que me relatara al detalle sus anteriores experiencias sexuales era una forma de compartirlas, de apropiarme de ellas. ¿Por qué a él le resultaba tan doloroso incluso imaginarme con otro? Con respecto a mi pasado, Jaime se sentía como el Lot bíblico: si miraba atrás corría el riesgo de quedar convertido en sal.

He leído en una enciclopedia que un hombre celoso tiene orgasmos mucho más poderosos y expulsa más cantidad de esperma que un hombre seguro del amor que le profesan (por eso deberían darme las gracias por esos dolorosos orgasmos). Sus espermatozoides son como soldaditos de *La guerra de las galaxias* dispuestos a despedazar a los espermatozoides de la competencia. No es sólo el deseo de posesión absoluta ni el concepto de exclusividad. No es sólo un problema de egoísmo. Tampoco creo que exista un intrínseco mecanismo de conservación impulsado por la «sabiduría de la especie», como decía el cretino de Schopenhauer. Los celos son una reacción ciertamente instintiva, irracional, pero se basan en la construcción social que hemos levantado como un edificio de concreto alrededor de una flor. La infiel por naturaleza termina, ¡qué más da!, definitivamente perdida en el laberinto de los celos y siente crujir su mentiroso corazón a cada alarido del minotauro, ese celoso que estrella sus cuernos sangrantes contra las paredes de una cárcel levantada por él mismo.

En el laberinto febril de la monogamia sobrevivíamos guarecidos bajo un techo lleno de agujeros hasta que, sin que pudiéramos sospecharlo, las cosas cambiaron.

No sé en qué momento la idea de hacer un trío pasó de ser una broma de alcoba a convertirse en un proyecto familiar. No sé cómo sucedió: quizá nos sentíamos demasiado solos con el número dos. En parte, la ocurrencia de hacer un trío fue uno de mis dudosos aportes a nuestra relación. Porque cuando lo conocí yo ya tenía el tema de los celos perfectamente bajo control. Quiero decir que ya había pasado por el trago agridulce de ver a mi chico con otra por primera vez: es una sensación tan desagradable como permitir que un desconocido use tu cepillo de dientes. Ver a las personas que amas haciendo el amor con alguien que no eres tú te produce un dolor que se concentra a la altura del estómago (como el de cincuenta abdominales), es uno de esos dolores productivos que sabes que tarde o temprano te harán bien.

Siempre he creído firmemente en la conveniencia de no tener límites, sobre todo en el sexo. No recuerdo cómo empecé a participar en tríos y luego a fomentarlos; no estaban muy de moda todavía, no había series de televisión o películas de tríos ni famosos hablando de sus tríos. Yo tenía dieciséis años. Me acostaba con un chico mayor que yo. Fue él quien me mostró por primera vez una película pornográfica donde dos rubias mimosas movían sus lenguas sobre el mismo pene. Agradecida por los esfuerzos pedagógicos de aquel chico, intentaba impresionarlo o ponerlo caliente con mis historias de colegiala. Me gustaba contarle mis ritos masturbatorios en el baño de casa. Me sentía poderosa cuando le narraba los juegos célibes que compartía con mis amigas, sobre todo cuando me tocaba hacer de hombre. Era nuestra inocente manera de practicar los besos con lengua por primera vez. No recuerdo nada más excitante a los diez años que los días en que alguna amiga se quedaba a dormir en casa y jugábamos a hacernos las dormidas para tocarnos a ciegas, en silencio, casi por casualidad. Creo que fue así, gracias a esas noticias lejanas, a esos cuentos de hadas que se besan bajo las sábanas, como dejé entrar a terceras personas en mi tan ansiada y recién conquistada primera relación de pareja.

No fue por agradar y por probar, o quizá sí quería probar y agradar un poco. Lo cierto es que ese primer novio y yo dejamos que una de mis amigas se metiera en nuestra cama. En realidad, nosotros nos metimos a la suya, a la de sus padres para ser precisos. Todavía no teníamos cama ni edad para ir a un hotel. La mañana aquella en que vi cómo era mancillado aquello que yo consideraba mi propiedad, mi derecho inalienable, noté con estupor que algo dentro de mí se hacía añicos para siempre. Quizá mis viejas creencias. De repente, el placer de la exclusividad fue reemplazado por el placer de ser una más. No sé si estoy diciendo la verdad porque yo no era una más, era la mujer oficial, la condesa Báthory oficiando un sacrificio de vírgenes suicidas. Aprendí que, en lo posible, conviene evitar ser la tercera persona. Desde mi feudo burocrático en el palacio del amor podía decidir con quién compartía lecho, a quién prestaba a mi novio, por cuánto tiempo, con cuánta intensidad. Controlar lo que pasaba entre nuestros cuerpos era mi prerrogativa y mi carta de inmunidad.

Siempre tienes miedo. Por eso he sido al mismo tiempo mala y demasiado buena. Fui sádica, fui masoquista; no pude darle un nombre a esa nueva rabia, a esa nueva energía. La confusión de aquel día me ha acompañado en todos los tríos posteriores. Ese desconcierto se debe a que, en el momento del amor tripartito, los celos y el deseo compiten con igual fiereza. A veces, los celos ganan y devoran todo a su paso, a veces es el deseo el que abduce. Después de mi primer trío con otra mujer, demandé un trío con dos hombres. Era un tema bastante serio para mí. Mi novio estaba en deuda conmigo. Nos echamos a buscar y una noche en que andábamos muy borrachos conocimos a dos chicos muy simpáticos que nos siguieron a la playa sin preguntar nada. Esa noche lo hice con los dos mientras aquel novio supervisaba de cerca la acción. Cuando ya tienes controlado lo de los tríos empiezas a sentirte la directora gonzo de una película pornográfica (género trío) que intenta mejorar el reparto.

Según la Wikipedia, el trío es un *ménage à trois* (fr.), sexo grupal que involucra a tres participantes y que no es una orgía. Como directora de películas del género trío tenía que ser muy cuidadosa. No quería que mis intentos de montar *Jules et Jim* acabaran en *Los tres cerditos*. Me dediqué durante un tiempo a establecer extrañas valoraciones de los tríos que me rodeaban. Trataba de encontrar la fórmula perfecta de tres entes reunidos con fines más o menos decorosos, como el Padre, el Hijo y el Espíritu Santo. Sí, si el sexo es cuestión de numerología, el tres era mi número de la suerte. El tres es especulativo, evoca el cosmos y el infinito. Porque un trío no es un triángulo, claro. No tiene hipotenusa ni ángulo recto, y es de suponer que ninguna de las partes está en discordia. No hay estadísticas al respecto, pero quizá haya más tríos que parejas en el universo, aunque, en la mayoría de los casos, una de las partes no tenga ni idea de que son tres en lugar de dos. Cuando finalmente lo descubren, muchas mujeres y hombres que no son liberales ni por naturaleza ni por opción aceptan compartir a sus parejas para salvarse del inminente abandono.

Cuando conocí a Jaime, mis deseos de reproducir de una manera por fin madura y sistemática las tenues experiencias que tuve con más de dos personas durante mi adolescencia tomaron forma. Tuve que insistir, pero tampoco demasiado. Una vez que se negociaron los detalles (es decir, cuando Jaime se aseguró de que sólo lo haríamos con mujeres), nos pusimos manos a la obra. Como se ve, en apariencia no era un trato justo. De hecho, una feminista contumaz podría apedrearme por eso. Pero cuidado, cabe recordar que yo venía de una impresionante racha de cuernos inconfesable que debía ser purgada de algún modo. Obsequiar a mi nuevo amor con toneladas de glamorosa libertad, aunque dentro de mis confines, era mi pasaporte al cielo. Además, y éste es un dato a tener en cuenta, a mí, como a tantas otras, me gustan las mujeres. He oído que nadie conoce mejor el cuerpo de una mujer que otra mujer. No lo creo. Con la debida atención, un hombre puede ser igual de diestro. Las mujeres no se juntan por eso. No es porque las mujeres sepan dónde tocar. De vez en cuando me gusta destrozar el mito de la pareja primigenia y reunirme con mi propia sustancia. Creo en una magia contra natura. Pero, más concretamente, me gusta sentir en otra mujer lo que un hombre siente en mí. Todo lo manso, blando y dúctil que intuyo en mi propio ser (eso que los otros pueden poseer con regocijo, pero yo sólo podría conocer por obra y gracia de un desdoblamiento o algún otro procedimiento de ciencia ficción) lo percibo cuando una mujer me besa en los labios.

En fin, ambos buscábamos una mujer casi exactamente para lo mismo. No sabíamos dónde encontraríamos a esa alma trilliza, pero intuíamos que estaba muy cerca. Si uno vive en «estado de trío», instalado de lleno en la tercera dimensión, digamos, no es imposible que suceda. ¿Por qué no imaginar que así como hay personas en el mundo buscando su media naranja, hay seres que buscan la naranja entera?

El caso es que encontramos a alguien así. Ella era amiga mía, una amiga de esas que siempre han estado ahí. No era una persona muy sociable; de hecho, cuando no era huraña tenía un mal humor bastante histérico, permanentemente sarcástico. Aunque yo la conocía bien, nunca dejaba de sorprenderme esa extraña agresividad que mostraba en los momentos más inoportunos. Creo que odiaba a la gente, pero no lo tenía asumido y esto le provocaba ataques de pánico y más de un ensimismamiento público. También era una solitaria, aunque más que desamparada parecía acorralada. Un dato más: no tenía pareja conocida. No era Anaïs Nin, pero nosotros tampoco éramos Henry y June. Ese invierno empezamos a vernos muy seguido. Quedábamos cada tarde. Hablábamos de sexo y de sexo.

El primer triple beso ocurrió en un bar horroroso del centro de la ciudad. Primero, ella le dijo a Jaime que le diera un beso. Él me echó una mirada de rutina para cerciorarse de mi complicidad; luego la besó. Luego me besó a mí, luego a ella, luego ambas nos besamos y después lo besamos a él. Un triple beso es algo misterioso hasta que ocurre. En realidad, las bocas se congregan en un gesto como el que harían tres polluelos peleándose por el mismo gusanillo. Sólo que no caíamos en la cuenta de que el gusano de la muerte era el cuarto personaje de la historia. Y estaba comenzando a devorar nuestras lenguas.

Por lo general, un trío tiene corta vida. Desafía las matemáticas del corazón. La muerte súbita planea sobre él, sobre su sueño trémulo. Una cosa es tener una aventura tripartita de una noche y otra muy distinta es formalizarla. Un trío de la vida real no es una película pornográfica las veinticuatro horas del día. Aunque yo, como las actrices porno que sufren los perjuicios de la doble penetración en un trío chico-chica-chico, he llegado a preferir el menos fatigoso trío chica-chico-chica; esto es, dos mujeres que se hacen una y un hombre que vale por dos.

La muerte súbita planea sobre el trío. Por ejemplo: Jaime conduce a cien kilómetros por hora sin quitar los ojos del espejo retrovisor mientras ella y yo nos prodigamos húmedas caricias en el asiento trasero. Estamos desnudas, nos besamos hasta mordernos. Ella tiene un orgasmo en la calle X. Yo, doblando por la calle Y. Ésta es una escena de la vida real, ocurrió aquella primera noche del triple beso, pero también puede funcionar de un modo metafórico. La simultaneidad es la utopía del trío. Ella podría ir al volante mientras Jaime y yo nos revolcamos en la parte de atrás. Entonces decidiría bajarse del coche y dejarnos sin gasolina. O puedo ser yo quien conduce mientras ellos manchan el tapiz y empañan el parabrisas. En ese caso, yo podría perder visibilidad y acelerar adrede hasta que el auto se estrellara para siempre.

El saldo de un trío es tan azaroso como el de cualquier accidente automovilístico (y no basta el cinturón). Luego de un triple choque casi siempre hay un muerto y dos heridos. Al poco tiempo, ella estaba completamente enamorada de Jaime. Su inexperiencia y su porfiada heterosexualidad habían hecho que se inclinase hacia ese lado de la *alabanza*.

Pero primero fue lo del aborto. Un descuido fatal de los tres. Ella sabía qué debía hacer, así que aquella mañana ambos la acompañamos a abortar. Para no estar tan tristes bromeábamos con la idea de tenerlo, ¡un hijo de los tres con los ojos de Jaime, los ojos chinitos de ella y algo de mi presuntuosa personalidad! Viviríamos bajo el mismo techo y lo llevaríamos a ver las secuelas de *Harry Potter*. Yo, que he estado en el otro lado, ahora experimentaba la desesperanza de un aborto en la sala de espera, como un chico, pero leyendo revistas femeninas y comiéndome las uñas.

Cuando acabó todo nos fuimos a cenar, tomamos mucho vino y prometimos no volver a acostarnos. Nos queríamos mucho, en realidad. El día en que Jaime y yo nos casamos pasamos los tres juntos la noche de bodas.

Un trío, por lo general, tiene corta vida, pero no muere el día en que decides darle muerte por más dramatismo que uno quiera ponerle a la supuesta escena final. Estando una noche en nuestra hermosa cama matrimonial para tres, ella empezó a llorar desconsoladamente mientras hacíamos el amor como sólo pueden hacerlo tres personas. Jaime estaba detrás de ella, de modo que, cuando se movía arriba y abajo, a mi pubis llegaban los ecos de sus sacudidas conjuntas. Al final, Jaime se puso sobre mí. Y fue entonces cuando nuestra chica comenzó a llorar. La abrazamos, pero fue en vano. Creo que para entonces ya habíamos hablado en exceso. Fue como si todas las heridas que le habíamos causado hubieran permanecido en estado de suspensión y de repente brotaran ante nuestros ojos.

—Quiero irme —dijo.

Jaime la llevó a su casa. Era una noche especialmente fría. Yo me quedé en la cama con la estúpida y agradecida sensación de no ser yo (por una vez) quien se estaba yendo a la mierda. Sentí lo mismo que siento cuando desde la ventanilla del carro veo a una pareja desconocida pelearse en una calle desierta: alivio de no ser la chica. Agradecí que fuéramos tres y no dos. Que no fuera yo la novia en problemas, sino otra, y que bastara uno para hacerse cargo. Alguien que no era yo. Agradecí estar sola y tener toda la cama para mí y mi tristeza.

Si ella era la víctima, ¿eso nos convertía a nosotros en verdugos? Nunca habíamos dicho algo ni siquiera parecido a una mentira, pero en ese mismo momento Jaime se daba cuenta de que no bastaba con la sinceridad. Cuando llegaron a la puerta de su piso, ella no hizo ademán de bajarse del carro.

—Eres un hijo de puta —le gritó a Jaime mientras intentaba golpearlo.

Hasta que Jaime, el tipo más amable y educado que conozco, la empujó fuera del carro y volvió a casa.

Cuando ella se fue para siempre nos quedamos solos y desesperados. Nuestra cama se había vuelto enorme, inconmensurable. Fue así como nos dedicamos a solventar el limitadísimo mercado de las prostitutas para parejas.

En un trío siempre hay dos exhibicionistas y un voyerista. No estoy muy segura de las verdaderas razones de esta afición por ver a Jaime haciéndole el amor a otra. Cada voyeur tiene su propia y refinada justificación. Desde que nos alejamos para siempre de las putas hemos organizado varios tripartitos, siempre en territorio neutral, lejos de la amistad y muy lejos del amor. Con conocidas o interesadas. A veces miro a Jaime y a nuestra invitada especial desde una esquina de la habitación, oculta en la oscuridad, y acompaño con una mano tímida el vaivén de sus cuerpos, como acariciando el lomo de un animal rabioso. Ellos saben que estoy ahí, pero no estoy. Me hago invisible. No me masturbo, sólo observo, codicio en soledad. Los miro porque, de alguna manera, en ese mismo instante me encarno, me apodero de sus cuerpos. Para alguien a quien no le gusta demasiado ser quien es, resulta fascinante tener la posibilidad de ser otro. Soy como un espectro buscando un organismo donde habitar. Después de cada trío con otra chica, Jaime y yo a solas, rememoramos lo vivido. Entonces juego a ser ellas, con sus nombres y sus formas, con el tono de sus gemidos; copio sus movimientos en la cama, sus maneras de apretarse a Jaime y palpitar. Me convierto en ellas, encuentro dónde habitar. Le pido a Jaime que me llame por sus nombres. Como suele pasar con estas cosas, lo que para unos es una enfermedad, para otros es un remedio. A veces, en mitad del juego, Jaime me coge la cabeza y dice mi nombre mirándome a los ojos: «Gabriela». Y yo lloro sin saber por qué.

QUÉ SE PUEDE HACER SALVO VER PELÍCULAS

El escenario es siempre el mismo: fila seis, butaca nueve. Una maldita oscuridad merodea, me rodea. El aire sabe a celuloide. Hay, además, canchita y Coca-Cola. Mi acompañante también es el mismo siempre. Y en la pantalla se agita el mismo brillo. Lo único que cambia con cada sesión es la película. Y que uno de nosotros dos no tiene ningunas ganas de verla.

¿Cómo llegamos siempre al mismo punto? Discutimos, obviamente.

Discutimos mientras revisamos la cartelera en internet, cuando caminamos hacia el cine, en la cola para comprar las entradas. Y al final uno siempre arrastra al otro hacia sus dominios. ¿El mío? Las buenas películas, sobre todo si son dramáticas. ¿El de él? Todas las demás. Sobre todo si son de acción, de superhéroes o de alguna de las sagas hollywoodenses que suele devorar con el mismo entusiasmo con que yo me soplo la última de Michael Haneke. Somos un cliché ambulante, un supertópico. Nos miro y pienso que podríamos ser como esa pareja que vi una vez en una viñeta. Él acusa: «No sabes qué es la posición adelantada». Y ella acusa: «No sabes qué es el color fucsia». El caso es que yo, irremediablemente, me duermo en las escenas con explosiones. No me hables de batallas, de reyes o de elefantes. Mientras que él, simplemente, no quiere sufrir. Y no lo culpo. Me lo he buscado. A menudo ocurre que lo obligo a ver una película conmigo y trata de niñas secuestradas o de sujetos paranoicos o de matrimonios ancianos con uno de sus miembros postrado. Cuando yo cedo a sus exhaustivas explicaciones sobre Jason Bourne, Mace Windu o Ashley J. Williams, siempre me quedo dormida a la primera persecución de carros, a la primera destripada o cuando aparece el primer artilugio volador.

No siempre fue así. Hubo un tiempo en que ambos consumíamos, juntos o por separado, casi todo lo que ponían en la filmoteca de Lima a principios de los noventa: Bergman, Godard, Fellini, Rohmer, Antonioni... Y también Kieślowski, Lars von Trier, Peter Greenaway y todos esos nombres que fueron parte de nuestra educación cinematográfica. ¿Qué ocurrió para que nuestros caminos se bifurcaran de esta manera?

Tengo una teoría. Hace algún tiempo discutíamos, como siempre, sobre qué película ver un domingo por la noche. La íbamos a ver en casa y nos debatíamos entre *Casino Royale* –la de James Bond– y *Génova*, de Winterbottom. Al final aceptó a regañadientes ver «la buena». La cinta trataba de un británico que pierde a su mujer en un accidente de carro (causado involuntariamente por una de las niñas) y decide trasladarse a Génova para cambiar de aires. En el ambiente medianamente hostil e inseguro de la ciudad italiana, el padre se enfrentará a su peor pesadilla: la incapacidad de proteger a sus hijas, la incapacidad de curarles las heridas dejadas por la desaparición de la madre, la incapacidad de contener la violencia.

Mientras veíamos la película, a él le sudaban las manos. Entonces me di cuenta de que el poeta más culto que yo con el que vivo había empezado a desarrollar ciertas angustias, ciertos temores –llamémoslo crisis de los cuarenta (o casi)–, que a mí, por alguna razón, no me habían alcanzado aún.

Ver cine ha sido desde siempre una de nuestras actividades favoritas. Cuando llego del trabajo, él y nuestra hija casi siempre están viendo una de *Star Wars* o de Indiana Jones o de Harry Potter o de *El señor de los anillos*. Y creo que tal vez ambos viven seguros en esos mundos plagados de monstruos ficticios. Y que no quieren saber nada de los monstruos «reales».

Siempre he pensado que, como los buenos libros o el arte

más grandioso, las buenas películas nos confrontan con monstruos que se parecen más a nosotros mismos que a un dragón o un alienígena. Que son como un recordatorio de aquello en lo que podemos convertirnos.

Se lo he dicho a él hace poco y me ha contestado que sí, pero que él ya ha visto algunos monstruos de la realidad. Algunos. Y, simplemente, ya no los quiere en sus películas.

A lo mejor cambia de parecer, me digo, si le recuerdo todas esas buenas películas en las que no hay monstruos que te persiguen espejo en mano. ¡Voy a atraerlo de vuelta al lado luminoso de la fuerza!

(Y si no lo consigo me pasaré al lado oscuro comiendo canchita).

TWO AND A HALF MEN

Solemos decir que fue un error. A veces hasta creemos que fue un error. ¿A quién se le ocurre? ¿Dos escritores? Tiene que ser una broma. ¿Y quién pagará las facturas? Lo cierto es que durante estos diez años de matrimonio hemos cumplido con casi todos los requisitos para ganar el Oscar, el Goya o el Circe a la pareja más desastrosa de la historia humana. Domésticamente hablando.

Una somera enumeración de nuestros desastres económicos, políticos y sociales en la república independiente de nuestra casa bastaría para probarlo: una vez casi incendio el edificio tratando de hervir un biberón, una vez Jaime puso nuestros últimos quinientos euros en un libro que se fue directo al contenedor de basura. Hemos perdido manuscritos, facturas, aviones, dignidades. En nuestra habitación, la ropa se acumula día a día hasta crear montañas colosales e inescrutables. Nuestra hija a menudo tiene que recordarnos que le pongamos la lonchera en la mochila.

La explicación fácil y posera del asunto sería: somos escritores, tenemos cosas más elevadas en que pensar. Pero no es tan sencillo. Nos consta que hay otras parejas de escritores que llevan su casa como un internado suizo. Nosotros no.

Por alguna razón que no alcanzamos a entender y que a veces simplemente catalogamos como «mala suerte», ambos compartimos la misma incapacidad congénita para ocuparnos de los asuntos reales. Y lo peor de todo es que, como única representante de la parte «femenina» de nuestra asociación, se supone que me correspondería asumir ciertos roles, ciertas actitudes, para las que francamente me declaro objetora de conciencia. Soy incapaz de cerrar un cajón, de colgar la toalla bien estirada en lugar de dejarla enrollada en la manija de cualquier puerta; y respecto a la cocina... ése es un tema del que prefiero no hablar. Jaime, por su parte, es un verdadero inútil. Se desenvuelve mejor que yo en la casa y le gustan las herramientas y esas cosas, pero es completamente incapaz de recordar las cosas. Una escena recurrente: Jaime yendo a comprar al súper y volviendo con una lata de salsa de tomate porque no recuerda, o no cree, que necesitemos nada más. Si no está en una lista le da igual que la refri contenga una lechuga, un yogur vencido y dos huevos: él no compra nada más. «No estaba en la lista», responde ante mi mirada de estupefacción.

Además, por supuesto, está la enorme cantidad de dinero que adeudamos al erario español –y que pagamos dolorosamente mes a mes– porque no tenemos idea de cómo pagar ordenadamente nuestros impuestos.

Así las cosas, habíamos empezado a sentirnos muy solos en este mundo de normas, deberes y obligaciones que nos es ignoto hasta que leímos hace muy poco un libro terrible y luminoso de un escritor noruego llamado Karl Ove Knausgård. El libro se titula *La muerte del padre* y ya pueden hacerse una idea de cuál es el tema. Pero en él encontramos estas líneas esperanzadoras: «Tanto Linda como yo vivimos cerca del caos, o de la sensación de caos, todo puede desbordarse en cualquier momento, y todo eso que una vida con niños pequeños exige, es algo a lo que nos tenemos que forzar. No sabemos lo que es la planificación. El hecho de que tenemos que comprar comida nos llega cada día como una sorpresa. También el hecho de que las facturas tengan que pagarse a fin de mes». Párrafos antes, además, Knausgård habla de la lucha dialéctica que se establece entre la necesidad de escribir y la obligación de fregar suelos, lavar ropa, jugar con los niños, bañarlos, etcétera.

Son líneas, repito, esperanzadoras. Porque si un escritor

noruego que vive su vida al borde del abismo doméstico ha sido capaz de escribir esa novela brillante, si es capaz de contarlo, tal vez nosotros también podamos. Eso queremos pensar mientras nos estiramos como lagartijas para llegar a fin de mes.

Jaime suele decir que vivir conmigo es casi como vivir con otro hombre. Y que, muy probablemente, nuestra adorada pequeña se convierta también en un hombrecito. Somos como los personajes de esa serie, *Dos hombres y medio*, pero sin casa en Malibú y sin empleada. Si es así, yo sería obviamente Charlie Sheen.

CONTRA (Y A FAVOR DE) LOS MALDITOS

Te conozco. Te he visto desfilar mil veces en la pasarela de la sordidez, cuando amábamos juntos, tú y yo, el presumible milagro detrás de las botellas, detrás de las sustancias, en la cara B de la noche. Te conozco. Te he visto regodearte en tu supuesta marginalidad y vanagloriarte de haber estado en campos de batalla, en guerras que para ese entonces ya no le importaban a nadie. Ibas a ser el centro de la historia, pero sólo fuiste el que llegó tarde, el que no encontró las palabras adecuadas. Pasamos mucho tiempo, tú y yo, entregados al odio y a la euforia. Íbamos a matarlos a todos, íbamos a crear algo nuevo. Nada iba a satisfacernos nunca, nada nos haría callar. Te conozco, sé que construías tu vida con imágenes, con escenas que habían alimentado previamente tu corazón adolescente y tu imaginación. Eras un sol ardiendo a los veinte años. Un cristal de roca a los treinta. Un espejismo a los cuarenta. No te culpo de nada, espero que lo entiendas. Nunca intentaste engañarme. Era yo quien veía ciertas cosas con fascinación. Todavía lo hago, ¿sabes? Todavía puedo recordar alguno de los rostros que tuviste a lo largo de los años y creer que existía —que existe— alguna verdad profunda detrás de tanto efecto. Me hacías mucho daño, pero yo era una víctima propiciatoria. Y finalmente, admitámoslo, fui yo la que te hice más daño cuando me cansé de jugar, cuando me aburrió el endiosamiento del fracaso. La verdad es que te usé. Y cuando ya no me fuiste útil decidí que era el momento de madurar, de crecer, de darte una patada en el culo. Bah, no me hagas caso, tampoco yo he sido tan mala. Ése era el verdadero problema, ¿sabes? En realidad nadie es tan malo, no importa lo que quieras ver en el espejo, no hay más maldad que la de los hombres inseguros y las mujeres vengativas. Resentimiento. Más allá de eso sólo está la locura, pero esos reinos te fueron vedados por unos dioses crueles y solemnes. Ahora que ya no tienes veinte, y que no eres un sol ardiendo, me gustaría hacerte entender que lo lograste, que eres finalmente parte de la historia, aunque tampoco te haya sido otorgado el privilegio de contarla. Eres la historia. Y tenías razón. Había verdad en todo eso, pero eran verdades pequeñitas, tan pequeñas que no lográbamos verlas. Las teníamos en los bolsillos junto a las monedas y los libros de poesía. Todas esas cosas que éramos y que no vimos, preocupados como estábamos por intentar crear desde el aturdimiento, desde la negación. No debimos despreciar esos detalles, ahora me doy cuenta. ¿Te darás cuenta tú? Porque estábamos llenos de curiosidad y pasión y esperanza. Incluso tú, con tus ganas de reventarte la cabeza contra el cemento, en medio de la noche, solo ante el peligro. Sólo que no estabas solo. ¿Y sabes? Ahora me alegro de haber sido un poco egoísta y no haberme convertido en la enfermera o la madre o la puta que creías que necesitabas. Porque en realidad me necesitabas a mí, a alguien que no te miraría jamás con compasión porque de todos los sentimientos humanos ése me es ajeno. Aún no sé por qué te estoy hablando ahora. Tal vez porque me he hecho mayor. Tal vez porque entre todos los nombres que tuviste, entre todas las formas que adoptaste, no puedo quedarme con ninguna. En eso también te equivocaste. Buscabas desesperadamente ser original y te convertiste en un molde, en un producto de serie. Perdona este último gesto cruel. Ya te he dicho que no esperes compasión de mí. Pero también tengo una última cosa que decir a tu favor: me hiciste feliz. Me hiciste inmensamente feliz, tanto como, probablemente, nunca lo seré en mi vida. Y en tu panorama de techos, en tu hemisferio de violencia, en tu noche perpetua, fuiste estridentemente bello. Te llevo dentro de mí en todas y cada una de tus identidades. Y de verdad espero que hayas sobrevivido al viaje que emprendiste hace ya tanto tiempo. Si así es, te habrás dado cuenta de que al final de la noche sólo hay otro día. No era tan difícil adivinarlo. Gracias por todo. Sinceramente, Gabriela W.

ADÓNDE LLEVARTE

Nunca antes había tenido que recibir a nadie aquí, a nadie que me importe tanto como tú. ¿Adónde llevarte? Me he hecho esta pregunta unas cuantas veces estos días y, admito, se lo he preguntado a alguna gente. ¿Adónde llevarían a una persona que les importa mucho y visita por primera vez la ciudad donde nacimos? Después de considerar las posibilidades he confeccionado una lista. ¿Podrás confiar en esta guía más de la nostalgia y del olvido que de la realidad, confiar en la persona que se fue de este lugar hace once años para no volver y cuya ciudad de origen es ya sólo una maqueta urbana detenida en el pasado y en su esplendor subterráneo, como decía Eielson, una ciudad no para vivir, sino una ciudad ideal para morir? ¿Qué lugares de Lima significan tanto para mí como para significar algo para ti? ¿Será suficiente con eso o debería llevarte a sitios que signifiquen algo por sí solos? Son preguntas que podrían desanimar a cualquiera y, sin embargo, asumo el riesgo de prometerte una ruta imperfecta por el sol de Lima, ese sol permanentemente eclipsado del que te he hablado más de una vez. Y, me temo, también por sus arenales, cuyas entrañas aún esconden huesos y cráneos, pero no sólo prehispánicos de plumas y mantos, ni de capas y espadas y crucifijos, sino de muertos mucho más frescos, de cuerpos jóvenes como el tuyo, pero desaparecidos, descuartizados, dinamitados, enterrados, desenterrados, vueltos a enterrar, pero nunca olvidados. Quiero que sepas que sobre esa tierra caminaremos. No lo pierdas de vista. Empezaré entonces por el principio. Lo primero que haré será llevarte a los barrios en los que viví. Ya me conoces, déjame empezar con algo de personalismo. Nunca he sido de un solo barrio, como nunca he sido de una sola ciudad. Pero lo bueno es que todos mis barrios se parecen, son vetustos, comparten cierta vieja gloria, encajan a la perfección en una de esas frases que suelen decir las viejitas tristes en los parques de por aquí: «Una Lima que se va». El primero, Jesús María, donde vivía un poeta que también era médico de barrio. ¿Dónde sino en Jesús María un poeta refinadísimo como Luchito Hernández podría ser médico de barrio? Muy cerca de ahí está San Felipe, la residencial donde vivía, estudiaba y fumaba marihuana cuando era niña. El segundo, Magdalena del Mar, donde está la casa de mis abuelos, que es hoy la casa de mis padres, que alguna mañana te hablarán de sus años de militancia. Magdalena es el nombre de mi hija y es todo lo que cabe entre un hogar para niños huérfanos y un manicomio, vecinos de alguna manera parecidos que se miran inmutables en su grandeza inhóspita. De día, los gritos de los niños, de noche, los llantos de los locos y viceversa. Alguna vez hasta hice un poema con esa idea. Y, finalmente, Barranco, mi última casa antes de partir. Allí viviremos estos días —aunque el puente de los suspiros, el puente de los enamorados, ¡oh, ironía!, esté en obras— jugando a la felicidad como en una casa de cartón iluminada por un diamante. O una lámpara azul. Justo al lado de una iglesia que merodean los gallinazos sin plumas y los arlequines egurinianos. Te llevaré, después, a la cima del cerro San Cristóbal, nuestro pan de azúcar amargo, cuando el cielo se abra, si se abre, como una herida y un rayo de luz milagroso caiga sobre las casuchas paupérrimas pintadas de colores, un alarde decorativo único en el mundo. Veremos Lima desde ahí y así, durante un rato y con algo de alivio, no veremos el cerro, no veremos nuestra vergüenza. La gente asciende por sus laderas en Semana Santa escenificando el vía crucis. Yo lo hice una vez para huir de un romano. También veremos Lima —a la que llaman «la horrible», como nos llaman a todas las raras, extremas, contradictorias– desde arriba pero desde el otro lado, desde el Morro Solar, en Chorrillos, hacia la bahía bañada por el Mar de Grau y tapada por la gran nube gris. La Lima de malecones modernos y edificios recién construidos dentro de una burbuja que tú bien conoces y que un día también estallará en mil pedazos. Pero bien arriba, ajeno a todo, yace su ruinoso planetario, un observatorio en un lugar sin estrellas tiene mucha gracia. Allí, en los noventa, entrevisté al líder de la secta de los raelianos peruanos. Mejor olvídalo. Iremos quizá a la Punta, en el Callao, otra vez al mar, el mar omnipresente, a ver los barcos enormes de la marina de guerra. En el puerto de Lima, como en muchas otras zonas, el tiempo no ha pasado. Debajo del cerro San Cristóbal se extiende el centro histórico, donde los españoles fundaron la Ciudad de los Reyes. Te enseñaré la estación de trenes de Desamparados, sólo porque me encanta su nombre. Tendremos un largo día de bares, será largo porque los más míticos, que son poquísimos, están en barrios alejados entre sí. Beberemos en el Cordano, donde solía almorzar un pintor llamado Humareda, que sólo pintaba prostitutas al óleo y vivía en un hostal de La Parada, un mercado-jungla tan asombroso como temible que hace poco fue borrado del mapa. Y al Queirolo, lleno de poetas inéditos que te acarician las piernas. Y de ahí al Juanito renacido, que es lo más parecido a un Palentino o a alguno de esos bares de abuelos en los que a veces caemos en Madrid. Y todo el rato beberemos chilcanos, que es mejor que el gin tónic porque lleva pisco y lima y ginger ale. Le diremos a Jaime que nos lleve un día a la Herradura, que en otra época fue la playa de los surferos limeños y ahora es otra playa perfectamente triste, tan solitaria en invierno que nos quedaremos muchas horas ahí, en el bar ese decadente, El Nacional, donde él y sus amigos se vuelven niños otra vez. Te daré de comer butifarras, que no son salchichas, como en España, sino sanguches de jamón del país con cebolla y amor; platos de ceviches y atún nikkei y anticuchos en restaurantes que no estén de moda. Iremos a ver los huacos eróticos en el Museo Larco. Creerás verme en todas las figurillas de mujeres de barro rojo y rostro indígena que engullen penes monolíticos y paren niños. Sabes bien, porque siempre presumo de ello, que mis antepasados, los mochicas, hicieron pelis porno en esculturas de cerámica. Tomaremos jugos en los mercados, contaremos los cientos de variedades de papas que hay e iremos a las fiestas populares, a bailar en las polladas bailables en Ñaña, camino a Chosica, y a cortar árboles embellecidos con serpentinas. Iremos hacia allá para buscar el sol, un poco más lejos, a Santa Eulalia –a dos horas de Lima siempre sale el sol– y nos bañaremos sin ropa en el río y te enseñaré la gran piedra plana donde hice el amor cuando tenía dieciséis años. En esa misma piedra tomaremos el sol como si naciéramos en ese momento de una campesina costeña. De vuelta iremos a comprar películas de culto en Polvos Azules, a que te lea las cartas una bruja que le ha leído la suerte a un presidente. Si mi abuela estuviera viva te llevaría para que te pasase el huevo, para que nunca tuvieras miedo, pero en cambio te llevaré donde mis amigas que hacen purgas en la selva y nos recomendarán a un chamán urbano que no esté loco ni quiera violarnos ni robarnos, y caminaremos por las lomas de Lachay o por los oasis de Pachacamac bajo los efectos del San Pedro sin miedo a quedar embrujados. Y nos sentiremos divinidades andinas, como mínimo, y por eso volveremos a bailar en un concierto de cumbia al aire libre. Te llevaré a peñas criollas auténticas que ocurren secretamente en las casas de los jaranistas, abuelos y abuelas de antaño, negros, negras, cholos, que comen gato sólo a veces, pero siempre cantan y tocan el cajón. Y, por supuesto, a una peña andina, que son mucho más melancólicas, aun cuando son alegres, y que son también mucho más yo. Y volveré a ver contigo la muestra Yuyanapaq, la exposición permanente de fotos de los años de más violencia en el Perú. Y así también entenderás más a este país. E iremos sin duda a otros cerros donde no hay agua potable y verás cómo la gente ha hecho pueblos enteros invadiendo el desierto y verás qué seco, qué sucio, qué monocromo parece todo, el gris sobre el gris, hasta que te acercas mucho y entonces ves otra ciudad, te lo aseguro, aunque no tengo por qué asegurártelo porque sé que ya lo intuyes. A todo esto lo llamamos chicha. A un color inesperado. A una manera de ser ante la adversidad. Algo que baila. Que canta contra la desesperanza. Te espero en ese color.

LLAMADAS PERDIDAS

ACERCA DE LO MADRE

Al verlos tan pequeños, tan portátiles, provoca meterlos en una maleta, ni siquiera para que se callen, sólo para saber si caben. Son impulsos que un padre de familia con el tiempo aprende a reprimir. Cada día debe cuidar que sus acciones y reacciones no le ocasionen al imberbe un daño permanente. En eso consiste el experimento. Antes creía que al ser madre se te iba de golpe la estupidez, que de un día para otro comenzaba a funcionar un mecanismo raro, el piloto automático del viaje a la madurez.

Mentira. No hay tal mecanismo. Hay días en que te sinceras frente al espejo de la maternidad. A veces te gusta lo que ves, a veces no.

Un día, más temprano que tarde, te desarmará su humor, la templanza con la que se toma el reto de ser tu hijo. Y verás que no había demasiado de qué preocuparse. Lo más sano siempre será que te descubra pronto. No dejar ni por un minuto que piense que eres mejor de lo que eres. Tu mejor regalo será ahorrarle un desengaño, el primero de su vida, porque habrá muchos.

Tampoco, por supuesto, debes hacerle creer que eres peor de lo que eres. Ése sería un error aún más grave. Te costaría su peso en terapias.

Tarde o temprano se dará cuenta de que no eres posmoderno, sino imbécil; que no eres gracioso, sino descuidado e irresponsable; que no eres severo, sino amargado; que no eres hippie, sino bueno para nada; que no eres su amiga, sino su madre. Pero eso será más tarde. Mientras tanto disfruta.

Porque tú también fuiste la perversión de otro.

—Mamá.
—¿Qué?
—Ven.
—¿Qué pasa?
—Te lo diré cuando vengas.
—Ok, ya estoy, ¿qué quieres?
—¡Te atrapé!

Anoche la llevamos a un bar. Con el frío que hace ya no se puede estar en los parques. Además, aceptémoslo, los parques son un coñazo. Desde la ley antitabaco, los bares se han vuelto el lugar favorito de madres e hijos: un espacio libre de humo donde las madres pueden empinar el codo tranquilamente mientras las camareras buenorras entretienen a los niños con esa cosa mágica que llena los vasos de espuma. Esta noche tocaba noche loca para padres y para ella pijama party en casa del tío guay. Pero cuando llegó la hora de partir hacia la casa del tío guay, ella empezó a hablar como Tarzán. «Yo dormir con mamá», «Casa mamá», «Mamá casa». Y cuando me di cuenta ya estábamos todos en la cama contando ovejitas. Cada vez más insomnes, cada vez más lúcidos. El doctor Estivill y el doctor González me tocan un pie.

No me voy a ir a ninguna parte, estoy en la habitación de al lado chateando en sujetador con cinco extraños. No vendrá un monstruo si apago la luz. No hay un fantasma dentro de tu armario. Mamá, yo quiero estar con mamá, mamá, eres tan guapa, tan inteligente, mamá, el calorcito de mamá para dormir. Y lo dice todo con una de esas sonrisas irresistibles, ojitos deseosos y estirando los brazos y… no te queda más remedio que meterte entre sus sábanas y darle todo lo que te pide, que es en realidad poco y mucho, y todo lo que tienes, lo que eres y lo que serás. Buenas noches.

Recuerdo que la convencí de que yo le leía un cuento y ella leía sola el otro. Aceptó. Yo no me lo podía creer. Le pareció interesante el experimento. Le daba un besito y me esfumaba. Fueron dos semanas de lujo. Pero a la tercera no había vuelto a la normalidad: había retrocedido un siglo. Volví a leerle tres cuentos, la mitad en catalán, por cierto, mientras ella iba corrigiendo mi absurda pronunciación. Decidió que yo no me iba a ninguna parte ni después del cuento ni después de la canción 8 ni nunca. Cada noche me quedo aquí, con los ojos de *La naranja mecánica*, partiéndome la espalda en posición fetal al borde de su camita mona de Ikea, en mi *after hour* particular, el que viene después del colorín colorado esta madre se ha acabado.

Me duermo, no me duermo, me duermo, no me duermo, me duermo, no me duermo, me duermo, no me duermo, me duermo, no me duermo, me duermo, no me duermo, me duermo, ¡¡¡¡no me duermo!!!! Deshojo sueños…

Somos buenas personas y ellos no. Básicamente creo que la juventud es una droga. Mucho más lo es la infancia. Los niños están siempre en estados alterados de conciencia. Normal, tienen tan poco tiempo en este mundo que son como guiris haciendo fotos a todo, emocionándose por todo y dejando sus vasos descartables por todas partes. Por eso, cuando llega la hora de dormir ni se enteran. Hoy le leí otro cuento sobre la monarquía, el de la princesa y el guisante, esa vergonzosa historia de la reina que somete a su futura nuera a la prueba del guisante para saber si es una verdadera princesa, porque sólo una verdadera princesa podría notar que debajo de diez colchones hay un guisante que no la deja dormir. Se lo leí cinco veces porque cada vez que lo terminaba se ponía a llorar si no volvía a empezar. La última vez lo leí entre estertores y ronquidos. Si me dormía escuchaba un mamáááá a lo lejos, una voz que venía desde la Zarzuela o más lejos, y yo me arrastraba queriendo salir de ese pozo insondable del sueño hacia la superficie, ya no entendía nada de lo que leía, pero era mi voz, seguro que era mi voz, y en un momento desperté y estaba hablando de Urdangarín y supe que era el fin. Cada vez más insomnes, cada vez más lúcidos.

Hoy intenté explicarle a mi hija lo que es el tiempo muerto: son instantes en los que no hacemos absolutamente nada y de ellos está llena la vida, mi amor. Me contestó: «¿Quién lo mató?». Le iba a decir que lo importante no es el quién sino el cómo, pero ya había encendido la tele.

Salvo por el episodio de la chalina, la mañana pasa sin sobresaltos. «¿No ves que me veo ridícula?», exclama con los ojos ardiendo de indignación y ese tono de voz rotundo, como si no midiera un metro de estatura. No sabe nada de la vida y, sin embargo, o quizá por eso mismo, sólo puedo tomarla en serio y liberar derrotada su pequeño y quebradizo cuello antes de salir rumbo al cole.

Cuando papá (no cualquier papá: uno que no sólo comparte de igual a igual las tareas de la casa, sino que además suele cargar con las más ingratas) se va de viaje, a mamá (no cualquier mamá, sino yo) sólo le preocupa una cosa: cómo llenar el panorama de las veinticuatro horas que pasará a solas con su hija.

La solución siempre parece la misma: llamar a algún amigo/a, atraerlo con el cuento de tomarnos una cerveza, para luego acabar en un parque infantil alrededor de un columpio. Es una buena estrategia, no para huir de tus propios hijos, sino principalmente de otros padres de familia tan insoportables como tú.

Pero hoy, como es más que frecuente, no puedo engañar a nadie. Por eso, al salir disparada del trabajo a recogerla, preparo mentalmente un plan para atajar ¿el temor?, ¿la responsabilidad?, ¿el aburrimiento?

Y ahí está ella, tan preciosa al verme esperándola en la puerta. Con sus ojos, esta vez ardiendo de emoción, me regala un chorizo. Sí, un maldito chorizo que ha hecho ella misma en su visita a una granja. «En un minuto y medio caerá un chaparrón», sentencia muy seria. Pero, extrañamente, mientras caminamos en busca de la merienda de la tarde, ocurre todo lo contrario, el cielo se despeja y entonces aborto todos mis planes, siento por primera vez en el día que todo irá bien y me dejo llevar entregada a la alegría de tenerla sólo para mí.

Mi marido y yo nos besamos en la boca. Mi hija y yo nos besamos en la boca. Y lo que separa ambos besos poco tiene que ver con algunas opiniones delirantes que desde hace tiempo vengo leyendo por ahí: advertencias puritanas, algunas risitas nerviosas, mala conciencia en general. Algunas personas alertan de los peligros de «erotizar tempranamente» a los niños y de inculcarles la idea de que si está bien que tu padre te bese en la boca tal vez esté bien que te bese en la boca cualquiera. Ante esto me gustaría alertar sobre los peligros de no expresar el amor desde el amor, sino desde el recelo. Mi marido y mi hija se besan en la boca. Y he leído por ahí que los piquitos que se dan antes de dormir o en la puerta del cole podrían conducir... ¡al abuso! Es cierto que el mal existe —los dementes, los imbéciles, los discriminadores y los curas pedófilos— pero quiero creer en nuestra capacidad de discernir, en nuestra inteligencia para cuidar sin reprimir. Sin reprimirnos. Y pienso en esos padres que callan. En los que cambian de canal ruborizados ante una escena de besos en lugar de explicar; en los que eluden las preguntas sobre «el tema» para protegerlos y en los que dan con mucha más naturalidad una buena cachetada que un buen beso. Ésos, me temo, se han convertido en policías de la piel y de sí mismos. Es cierto que todos tenemos nuestra propia manera de expresarnos, nuestras formas y reparos. Y está bien que así sea. Pero, si me dejan, me voy a permitir romper una lanza por aquellos padres que no se han dejado amedrentar y que son capaces de admitir que hay una sensualidad −no sexualidad− en la relación con sus cachorros. Hace milenios, las madres alimentaban a sus hijos con la boca, como los pájaros, como algunas bestias. Por ese recuerdo, quienes nos amamos juntamos nuestros labios. Aunque ya no alimentemos así el cuerpo, queremos alimentarnos el alma.

«¿Por qué están sufriendo?», pregunta mi hija en el museo ante el cuadro *Adán y Eva expulsados del Paraíso*. Porque los han expulsado del Paraíso. ¿Quién los ha expulsado? Dios los expulsó. ¿Por qué lo hizo? Porque Eva le dio una manzana prohibida a Adán. ¿Y quién se la dio a ella? Una serpiente que era el diablo. ¿Y por qué se la dio a Eva y no se la dio a Adán? Es una pregunta seria. Es la gran pregunta. Así que me quedo muda un rato. Aunque el Génesis sea más inverosímil que *La bella durmiente*, una madre feminista debe estar a la altura de una pregunta de ese calibre. Lena me mira con sus expectantes ojitos de siete años brillando como cada vez que pone a trabajar su lógica implacable contra mí. Cuando tenía sólo dos me robó mis toallas higiénicas y se las pegó muerta de risa a la espalda como dos alitas frágiles y echó a correr. Aún no tenía ni idea de que estaba jugando a volar con algo que algún día aguantará su propia sangre y le recordará que, en una mujer, cuerpo y destino son la misma cosa. Ahora sabe algunos detalles más, sobre todo desde que cometí la insensatez de enseñarle el vídeo de un parto natural. Desde entonces asegura que no tendrá hijos. Y yo reprimo unas risitas y le digo que si algún día aquello tiene sentido para ella, el dolor será lo de menos, pero que, si de verdad no lo desea, estará en todo su feliz derecho de no hacerlo. Y por eso la arrastro a las manifestaciones por el aborto libre o contra la violencia de género, y, cuando se aburre un poco de mis proclamas, le recuerdo lo que hablamos en el museo frente al cuadro. Le recuerdo ese cuento ajeno y absurdo que nos han estado contando generación tras generación en el que somos las malas, las brujas, las costillas, las confundidas, las culpables, las débiles, las madres de todas las calamidades. Sólo porque debemos contarnos, hijita mía, otras historias más verdaderas, más divertidas, más justas, más nuestras, como que somos amigas de las serpientes y nunca hemos querido entrar en el Paraíso.

Un día creceríamos y olvidaríamos el ataque, la mutilación. Eso pensábamos. Pero no. Allí está, intacto, el momento en que la niña le cuenta a su madre, con lágrimas en los ojos, que un niño le ha dicho que podría gustarle si ella fuera «blanca». La madre secuestra al niño y lo abandona en un pozo seco. Lo alimenta lo justo para convertirlo en una criatura desnutrida y deforme que no sabe diferenciar una oruga de una piedra. A veces hablamos con palabras misteriosas, con fábulas terroríficas, pero también tenemos abogados muy buenos. No estás sola. Cuando te insultan a ti, insultan a muchas. Así que demos gracias por nuestra violencia, dijo el gusano en el poema de Bolaño, alguien que podía ser otro o él mismo, arrastrándose sobre el horizonte del miedo y el deseo. Puede ser inútil la violencia imaginaria, muda, pero es tuya, esa memoria de la adversidad es tu pistola automática: leo, pienso y destripo, aúllo con *Los perros románticos* de Roberto, esos que ya no temen a nada. Todos los que alguna vez se han sentido marginales deberían leerlo. Reconocerse es una aventura fabulosa. Los desheredados de siempre, los homosexuales, a quienes alguna vez llamaron feos, los adictos al sexo, los guapos tímidos, los eyaculadores precoces, las gordas, los enfermos, las lesbianas, los muertos, quienes tienen la boca llena de palabras hermosas y salvajes y por eso no van a callarse. «Que nos censuren los que quieran», escribió Virginia Woolf sobre las mujeres que un día se liberaron y escribieron mientras caían piedras. Creces, decía, y es curioso comprobar cómo el pequeño monstruo sigue gritando desde las profundidades del pozo, pero tú caminas ya muy lejos de ahí, como si poseyeras la belleza indestructible de los perros románticos, «la belleza más absoluta, la que contiene toda la grandeza y la miseria del mundo».

Mi hija me pregunta por qué sus amigos del cole tienen que pegar a las chicas con sus paraguas. Le digo: «Los chicos son así, les gustan las chicas, pero cuando son pequeños les tienen miedo y por eso a veces no saben bien qué hacer con ellas». «¿Y por eso me pegan?». Lo pienso un poco mejor y le digo: «No, te pegan porque son tontos».

Mi hija y yo cruzamos a veces el Paseo del Prado con su bici. En esa misma esquina, hace tres días, la policía cogía a una manifestante —una de los miles que protestaban contra el gobierno de Rajoy—, la agarraba del cuello, la arrastraba, la golpeaba en el piso y después la detenía para acusarla de sedición.

Mi hija y yo nunca hemos estado en Ranrapata, donde murió una niña llamada Zoraida por una bala «perdida». Mi hija escucha mis gritos —cada vez que me exaspero— con cara de espanto y ojos arrasados. «¡Eres mala!», me grita también. Intentamos defendernos la una de la otra. Nos atacamos.

Mi hija ve televisión. Disney Chanel, por ejemplo. En el ochenta por ciento de las series, las chicas son completamente idiotas y superficiales. Mi hija le dice a su padre, que acaba de matar un mosquito gigante, «has hecho un ruido tan fuerte que me está temblando el corazón».

Mi hija es una chica inteligente, descubre cosas por sí sola, aprende cada día algo nuevo, dibuja emperadores chinos, escribe novelas de tres líneas, se acaba de volver fan de Elvis.

A veces me preguntan si me da miedo que ella lea las cosas que he publicado, que he «confesado».

Nunca he confesado nada. Hay algo perverso en la palabra «confesión». Dentro habita la palabra «culpa». Yo suelo contestarles que no tengo miedo porque sé que mi hija conoce el (verdadero) valor de la verdad.

Pienso otra vez en los niños dando paraguazos. Y me digo que a los tontos pequeños se los entiende y se les enseña. A los tontos grandes simplemente se los combate. Con todo lo que tenemos.

Todavía recuerdo —con notable precisión para los estándares más bien pobres de mi memoria— la primera palabra que leí: «corona». Fue mientras miraba por la ventanilla del carro de mi papá, y esa primera impresión de haber extraído sentido de unos signos pintados en la pared, esa revelación, fue como descubrir el fuego.

No estuve presente cuando mi hija leyó su primera palabra («mesa»), pero cada día ella y yo nos reímos con las aventuras del capitán Arsenio, volamos con el pájaro pintado de Watanabe, correteamos con Pippi Calzaslargas o desaparecemos bajo la capa de invisibilidad de Harry Potter. No siempre es algo fácil. Me cuesta mucho hacerle entender que los cuentos no sólo son un juguete que se puede llevar a la cama, me cuesta separarla de la tele, me cuesta hacerle entender que un libro puede contener una película diferente cada vez que lo volvemos a leer.

Pero soy optimista. Quiero pensar que el tiempo y la paciencia la pondrán frente a su propia revelación. Y me pregunto si será ante palabras como «Otelo» o «mosquetero» —como le pasó a su padre—, o ante palabras como «masa» o «heraldo», como me pasó a mí. Y a veces, cuando ya le he leído varias páginas y estoy cansada y ella se queda despierta con el libro entre las manos, la escucho murmurar palabras entrecortadas. Y la oigo reír desde mi habitación. La oigo reír de esa manera en que sólo se pueden reír los niños cuando leen.

Y en días como hoy, en que no se acaba el mundo, pienso que todos nosotros también estamos aprendiendo a leer. Que las señales que se nos presentan cada día esconden nuevos y misteriosos significados, que estamos esforzándonos por encontrarles un sentido, aunque nos cueste prescindir del brillo ensordecedor de las pantallas. Que los países a veces son como niños y que tenemos suerte de estar a punto de descubrir, otra vez, el fuego.

Uno de los poemas inéditos de mi mítico libro de poemas inédito se llama «Deconstrucción del padre». Lo escribí a partir de cincuenta poemas mecanuscritos y corregidos a mano, entre 1968 y 1972, por Raúl Wiener. Decir que lo escribí es decir mucho. Mi trabajo —efectuado sin pagar derechos de autor, que para eso es mi padre— consistió única y exclusivamente en entresacar algunos de sus versos de textos distintos y mezclarlos en una secuencia que por sí misma significara algo, al menos para él y para mí (que para eso se escriben poemas). Es lo que hace un DJ con la música de otros: samplearla. En la mesa de mezclas, la hija mayor y ya treintañera del joven poeta Wiener decide hacer sonar a su antojo esas palabras capturadas, que de alguna manera, quizá sanguínea, también son suyas. ¿No es eso lo que define la progenie?

Hay quienes destruyen al padre y quienes lo deconstruyen. El resultado de ese experimento poético es extraño, como escuchar versiones de José Feliciano arregladas por Trent Reznor.

Algunos heredan dinero, otros apellidos ilustres que no merecen: yo heredé ese puñado de papeles amarillentos —un punto de partida—, poemas escritos al reverso de unos horrendos cuadros estadísticos sobre las inversiones en hidrocarburos, por un hombre joven y lírico que se haría un pensador feroz y comprometido, que llenaría millones de páginas críticas y necesarias, pero que jamás publicaría sus poemas.

Ayer, quizá porque me pasé buena parte del día viendo una serie sobre una prisión de mujeres y aprovechando su llamada de cada domingo (que viene seguida siempre por un larguísimo mail de recomendaciones y bendiciones, como es habitual en las madres de hijos que han hecho sus nidos muy lejos del nido), volví a pedir a mi mamá que me contara la historia de aquellos días de infausta dictadura en que ella estaba embarazada de mí y mi papá estaba en la cárcel por izquierdista. Qué raro que no lo contara en *Nueve lunas* (mi libro sobre mi embarazo), ¿no, mamá?, le pregunté realmente fastidiada. «Sí, hijita, tú que lo cuentas todo… Con tu hermana en la barriga yo corría de la policía en pleno paro nacional. Y contigo iba al venusterio». En ese momento creí entender muchas cosas. En la foto estamos las dos (mi papá no sale, pero estaba ahí al lado, libre, con pantalón campana y patillas) dándonos nuestras primeras dosis de amor ininterrumpido.

Lena vino el otro día con un libro en la mano y una sonrisita muy rara: «Mamá, ¿por qué no me habías dicho que teníamos este libro?», dijo. El libro era *Nuevas maneras de matar a tu madre* de Colm Tóibín. Ya está, pensé, siempre supe que ocurriría, aunque no me imaginaba que tan pronto. Es igual a mí o peor (o mejor, maldita sea). Siguiéndole la broma, le expliqué que el libro era un ensayo sobre la relación entre los escritores y sus familias y no una guía práctica. Y maldiciendo las películas de guerreros que ve cada día, le cambié el libro por otro más acorde a sus seis años, pensando que ahí quedaría todo. Pero al día siguiente Jaime me escribió por WhatsApp: «Acabo de encontrar el libro *Matar al padre* de Amélie Nothomb debajo de la cama de Lena. Estamos en peligro REAL, está planeando algo, te lo aseguro». Entre carcajadas me pregunté si realmente no querría eliminarnos. «Nos odia y planea vengarse», insistió Jaime.

Esa misma noche, nuestra hija nos llamó llorando –algo que no hacía desde que era un bebé– y nos dijo que tenía miedo de morir, que en ese momento sólo pensaba en «cosas feas» y que temía no poder quitárselas de la cabeza. Después nos pidió que la abrazáramos y así nos quedamos, con ella agarrándonos muy fuerte. Era la primera vez que nos hablaba de la muerte como una posibilidad. Y era algo aterrador.

Mi niña crece y compruebo en su comportamiento que parte de la experiencia de madurar consiste en desear tanto como temer la muerte de los padres, esa ausencia que a su edad es absoluta. Sin duda, ambas pulsiones volverán sin que podamos evitarlo, aunque el asesinato, espero, será simbólico y necesario, mientras que la muerte será real, como las largas noches que no quieren aceptar los niños. Mientras tanto, siempre amanece.

LAS LEYES DEL TIEMPO Y EL ESPACIO

Cada vez que viajo me acusan de ser la japonesa de la familia porque me gusta tomar fotos. Mi hija y mi marido bostezan y se quejan cada vez que saco la cámara. Les aburre infinitamente posar o sonreír para mí. Creen que estoy un poco loca. O tal vez simplemente temen que no viva el momento, que me preocupe más por archivar bytes y bytes de imágenes que nunca sabrán lo que es el polvo. Algo de eso habrá. Pero lo cierto es que todavía me conmueve esa necesidad vital de perpetuar la luz que reflejan las piscinas, la luz que contornea las bicicletas y los árboles, la luz que rebota en las caras de los otros. Leo en un libro de Fogwill: «La memoria está llena de olvido, vacía de sí, llena de olvido, casi hecha de puro olvido. Uno mismo termina hecho de puro olvido». Y me resisto. Porque, como los sueños que intentaba recordar incansablemente el escritor argentino, los recuerdos son para mí el tejido de un futuro incierto en el que me veo desvalida, vacía de mí. Y me resisto. Y puede ser una frivolidad pero cada vez que hago clic y la luz forma las cosas en la memoria electrónica de algo, mi memoria emocional da un suspiro de alivio. Ya está, pienso, esto ha ocurrido y me pertenece. Entonces puedo finalmente admirar la montaña, disfrutar del lago, perderme en la selva.

En el álbum de mi infancia habrá unas cincuenta fotos. Juntando todas las que hay en mis discos duros tengo 13.407 sólo de los últimos siete años, algunos de los mejores de mi vida. Ustedes dirán que de seguro la mayoría de ellas registran momentos intrascendentes. Pero ¿no son esos momentos (también) parte de la vida (o sobre todo)?, ¿y ésta no está hecha (también) de encuadres repetidos, de ángulos equívocos, de sonrisas forzadas? ¿Hay cosas que sí merecen perderse en el tiempo como lágrimas en la lluvia? Me resisto. Hoy vi una foto de Betty Page vieja y tuve miedo. Hoy supe que nuestra Milagros está en la cama de un hospital por un aneurisma y que le susurran palabras al oído para que despierte. Por eso hoy he robado una frase de los diarios de Susan Sontag (1964-1980): «Ahora mismo, en este instante, no tengo miedo, el peso enorme que casi siempre me abruma no está presente». Después de leer sus escritos de juventud y formación, esperaba ansiosa esta segunda parte, la que más me interesaba, sus diarios de la madurez, «vigorosa y triunfante», como escribe en el prólogo su hijo David Rieff. Hoy es fácil imaginar que el tercer y último tomo lo dedicó a la experiencia de la enfermedad, la sala de espera de la muerte. Pero esa parte está todavía por llegar. Hoy, al entrar al ascensor, he visto en el espejo una cana muy larga y gruesa separarse del conjunto y saludarme desde un lugar que me pareció aún lejano. Me la he arrancado de raíz y la he guardado en mi bolsillo. He pensado en el cerquillo de Betty Page y en el mechón blanco de Sontag: «El cambio —la vida— sobreviene por accidentes». Hoy me he comprado un aparato para medir la presión. Jaime me ha dicho: «Gabi, nuestro primer tensiómetro», con ternura. Los dos sabemos lo que significa eso. Mi padre lo ha dicho de otra manera, regresando del velorio de un camarada de la izquierda: «Ya empezamos a ser gente del pasado». También me he comprado otros lentes porque ya no veía bien con los viejos y la de la óptica ha comentado algo acerca de la visión y el paso del tiempo. Luego me ha puesto unos cristales nuevos y se han disipado algunas nieblas. He adecuado mis ojos al mundo o el mundo se ha adecuado a mis ojos y de pronto he vuelto a ver todo con una madurez vigorosa, triunfante. Hoy he leído los diarios de Susan en pleno apogeo de mis facultades y me ha dado por pensar que ahí estoy yo, en el segundo tomo de mi vida, aunque sigamos pasando páginas invariablemente.

No entiendo nada. Las guerras no han retrocedido. Los cuerpos decapitados siguen apareciendo en México. Putin sigue vivo y coleando. Un millón de personas firma para evitar que otros sean felices a su manera. Y sin embargo todo eso no nos hace llorar. Lo que nos lleva al moqueo impúdico es que una niña vea un tren por primera vez en su vida o el primer viaje en avión de dos ancianas; el joven iraquí que canta como una soprano en *X Factor* o la otra pequeña que ve llover por primera vez; el gato que salva a un niño de un perro salvaje o que Anthony Hopkins llore al oír el vals que compuso hace sesenta años. ¿Quién está alimentando esas webs motivacionales con vídeos llenos de mensajes positivos que la gente comparte en las redes sociales viralizándolos en minutos hasta la náusea? ¿De dónde ha salido este arsenal de instantes tiernos y lacrimógenos que arrasan en YouTube y a los que hasta los diarios dedican espacio en sus *sites* porque saben que son lo que más tráfico genera? Tengo una teoría: en algún lugar de este mundo hay un enorme estudio de grabación en el que se producen vídeos de menos de tres minutos y en el que trabajan como actores bebés de todas las razas, abuelos, madres con ojos entornados, perritos, ositos, conejitos... Hay alguien que se ha dado cuenta de lo crédulos que somos, sabe lo que nos gusta y nos lo está dando en buenas dosis a través de nuestros propios amigos, que no pueden evitar pasárnoslo por mail y tú no puedes evitar hacer clic en «un mago haciendo magia para alimentar a gente que vive en la calle es lo más lindo que verás esta semana»; «ella se está preparando para salir a una cita a ciegas y lo que pasa después es una maravilla»; «este hombre sin hogar recibe una casa y su reacción es sobrecogedora». Así, en este discurrir de imágenes descaradamente sentimentales, acaso nos estemos creyendo más solidarios de lo que somos, más sensibles de lo que creemos, más vivos de lo que estamos. Bienvenidos a la *vie en rose*: cada vez que haces clic, Dios hace feliz a un gatito.

Quienes vivimos –aunque muchas veces sea a duras penas– de lo que nos gusta, a menudo olvidamos lo terrible que es para alguien, para cualquier persona que podríamos haber sido, llegar a la mediana edad y darse cuenta de que se ha invertido media vida en satisfacer los deseos de otros, las aspiraciones de otros, las necesidades de otros. Y pasa a veces, lo he visto en más de una ocasión, que de pronto aquella persona se ve acosada tardíamente por eso que algunos llaman destino y que otros llaman simplemente vocación. Ocurre entonces que lo que fue tu vida deviene en desastre, en despilfarro de tiempo, en inversión perdida, y te ves atrapado entre la espada del arrepentimiento y la pared de la realidad. No es fácil lidiar con nuestra identidad cuando durante años, quizá décadas, te has acostumbrado a ser lo que «debías». Pero hay personas que sí, que se atreven, que un día deciden lanzarse de lleno al vacío del futuro arropadas únicamente con el fuego interno que amenaza consumirlas.

De todo esto hablábamos una amiga y yo mientras analizábamos nuestras vidas con esperanza y compasión. Mi amiga ha vivido una década siguiendo una carrera que la estresa, la agobia, la llena de un secreto dolor tolerable y engañoso. Vive bien. Se gana la vida. Se ocupa de su familia. Y a veces, por las noches, no se reconoce ante el espejo.

Hablando tomamos conciencia, ambas, de todas esas formas de sacrificio que muchas veces disfrazamos de cotidianidad. Y decidimos, ambas, que no estábamos dispuestas a inmolarnos. Mi amiga se dispone a tomar una de las decisiones más importantes de su vida, quizá la más, porque supone para ella arriesgar el bienestar del presente y volver al punto de partida, asombrada y feliz como una niña pequeña ante la incertidumbre. Me pregunto cuántas personas están dispuestas, como ella, a reconocer sin seguridad alguna, pero sin miedo, su propia desnudez.

Hace unos días que soy otra persona. La que fui ya no importa. Y sobre la que soy no voy a entrar en detalles, sería como si un mago enseñara dónde esconde la carta. No es una gran metamorfosis. Es hasta imperceptible. Mi cambio no tiene nada que ver con el año nuevo. Uno nunca cambia sólo porque decide cambiar, ni a fuerza de desearlo y mucho menos gracias al calendario.

Es lo que he aprendido en estos días. Por lo general, los intentos de dar ese giro interior igualan los fracasos. Aunque la conciencia de lo que está mal brilla con urgencia dentro de nosotros, persistimos bajo la luz artificial del autoengaño. Es un misterio de dónde viene esa energía que finalmente parece ir en la dirección correcta, pero ese día llega, y volvemos a caernos simpáticos.

Siempre pensé que antes que ser una persona segura de sí misma como todas las personas seguras de sí mismas que han leído el mismo estúpido manual, era preferible tener baja autoestima pero seguir siendo una persona interesante. Leyendo un breve ensayo de Joan Didion que forma parte de *Los que sueñan el sueño dorado*, me he reconciliado con el término «amor propio», que durante todos estos años los libros de autoayuda se han encargado de envilecer. Didion considera el amor propio como una disciplina, un hábito mental que no se puede fingir, sólo desarrollar y adiestrar. Si lo tienes, no te falta nada, ni la capacidad de amar, ni la de discernir. No tiene nada que ver con la aprobación de los demás, ni con la reputación. Ésas son cosas que al amor propio, si es verdadero, no le importan. Ejercerlo, escribe, es un acto ritual en el que recordamos quiénes somos, nos liberamos de las expectativas ajenas y nos devolvemos a nuestras propias manos.

Hace unos días que llevo a cabo una serie de pequeños actos bien encaminados. Ni cómodos, ni plácidos, sólo bien encaminados. A veces me da por pensar que de eso se trata todo. De recordar el amor.

Dormir en una habitación impropia es un vicio para cualquier fisgón que se precie. Ellos no lo saben, pero te levantas en medio de la noche, repasas los libros, los afiches, los cajones. Y te obsesionas un poco con esa vida que no es tuya. Dormir en las habitaciones de otros, sobre todo si esos otros son personas a las que crees conocer, te abre de inmediato la puerta a una dimensión desconocida. Casi puedes ver al fantasma de la cotidianidad acomodando las almohadas. Entonces te das cuenta de esas pequeñas inflexiones, esos pequeños gestos que conforman la verdadera identidad de tu amigo o amiga: la forma de doblar (o no doblar) la ropa, un papelito escondido, la luz que los despierta en las mañanas, los juguetes, el maquillaje, la mota de polvo.

He dormido en habitaciones de niños de cuatro años, de adolescentes furiosos, de señoras mayores. He dormido en la habitación de invitados, en la habitación del servicio (sólo en Lima, claro) y en la habitación de la nada, donde puede pasar todo. He dormido en muchos estudios y en infinidad de sofás cama. Durante un año dormí en la casa que nos dejaron unos amigos sin mover un cuadro, un mueble o un adorno, y me puse su habitación como un disfraz. También dormí mucho tiempo en la habitación de una señora a la que se habían llevado al asilo: sus pantuflas todavía la esperaban debajo de mi cama.

Hay quienes se desviven por tener un espacio suyo, una decoración personalizada, por diferenciarse de todo lo anterior. Y hay a quienes no nos preocupa. Por pereza, escasa personalidad, o porque nos gusta mimetizarnos con el paisaje, entrar en el ADN de una historia ajena. Miento. A la larga, incluso sin proponérnoslo, uno termina habitando el cuarto y haciéndolo propio. Por eso me gustan esas visitas esporádicas, esas cortas estancias, esas efímeras incursiones al sofá de un amigo, que te convierten en turista emocional, en testigo de excepción de la materia con que se compone la vida de los otros.

Cayó en mis manos *Amo, luego existo*, del español Manuel Cruz, un ensayo sobre cómo los filósofos pensaron/vivieron el amor y, al hacerlo, determinaron nuestras propias ideas y experiencias amorosas. Quizá una de las historias más poderosas del libro en ese sentido sea la de Beauvoir y Sartre. Nunca las contradicciones entre discurso y vida en una pareja hicieron tanto bien y tanto mal al resto de la humanidad. Evolucionados para algunas cosas, y absolutamente ineptos para otras, su intimidad sufrió muchas veces la deriva de sus cabezas. Aunque la consigna era la libertad, más de una vez quedó claro que cada uno la entendía a su manera. La feminista afirmaba que la única manera de que una pareja funcionase consistía en que se constituyera en dos sujetos que no dependieran de su papel en la relación para definirse como individuos. Pareja abierta —nunca se casaron, no vivieron juntos ni tuvieron hijos pero sí relaciones con terceras personas—, llegaron a pelear por las mismas novias y a Simone se la acusó de ser su proxeneta. Eso, dicen, la mantenía en lo más alto en la jerarquía del universo amoroso de Jean-Paul. Ni así se salvaron de los celos, mentiras y silencios. Cuando Sartre murió, Simone se metió en la cama del hospital Broussais en la que él yacía y durmió toda la noche con su cadáver. En lo conceptual, muchas veces coincido con Simone. En lo concreto, menos. Cada vez me convenzo más de que el estado evolucionado del ser amoroso tiene que ver forzosamente con una existencia autónoma. Pero ¿cómo encajar la libertad individual con la plenitud afectiva? A veces me da por pensar si no estaríamos mejor sin etiquetas, sin compromisos, sin papeles, sin maridos, sin mujeres, sin abrir, sin cerrar, sólo abrazando nuestras felices contradicciones, en el calor inobjetable del deseo y en la íntima conciencia del amor en estado puro. La mayor parte del tiempo, sin embargo, soy pesimista.

Me llega desde Lima la edición facsimilar de *Puerto Supe* (Casa de Cuervos, 2014), aquella *plaquette* de textos iniciáticos que Blanca Varela –tocada por la varita de Octavio Paz– convertiría después en *Ese puerto existe* (1959), su primer libro. Escrito en París en las postrimerías de los años cuarenta, el poema que daba título al texto original contiene algunas de las imágenes más bellas y reconocibles de la autora –ese «oscuro torbellino de pájaros», ese «destruir con brillantes piedras la casa de mis padres»–, pero, sobre todo, esta edición es impagable porque leer en las entrañas mismas de la creación siempre tiene algo de secretamente esperanzador. Cuando vemos a Varela corregir de puño y letra ese «terrible» por «temible», esa «ciudad» por esa «vida», asistimos, de alguna manera, a un momento irrepetible: la fijación de una forma, de un sentido final que ha trascendido el tiempo y el espacio hasta llegar a nosotros cargado de secretas inflexiones. Las decisiones de un poeta modifican el mundo. Lo modulan. Y en instantes como ésos en que nuestra mano se posa sobre la de ella, algo dentro de nosotros vuelve a latir con la misma fuerza. ¿Qué podemos decir a estas alturas de Blanca Varela? Su corazón y su experiencia nos han reconfortado durante años. Sus palabras nos han enfrentado al dolor y a la nostalgia. Imposible no mirarte en ese espejo, aunque éste te devuelva aún la misma imagen de la aspirante frágil e insegura que eras cuando todavía leías para descubrir y no para corroborarte. Cuando todavía podías celebrarte a ti misma «yendo de la noche hacia la noche honda». Cuando pienso en Blanca Varela pienso también en el tiempo en el que le tocó expresarse, en ese París que ya no existe, en esa Lima y ese norte cercano que estamos intentando mutar en algo más amable. ¿Qué nos contaría ahora de nosotros? Gracias a los amigos de Casa de Cuervos por recordarme, con Blanca, que siempre hay que gritar «¡Carajo!, arrancarse el cabello, salir a combatir contra las raíces».

Este fin de semana llegaremos a los cuarenta grados en Madrid. En medio del sopor leo *Verano*, las memorias ficcionadas de Coetzee, y me detengo en esta frase: «La presteza con que se retira uno del trabajo creativo para dedicarse a una actividad mecánica». «Es un tema a explorar», dice el escritor. Y pienso en las veces en que me ha sorprendido la facilidad con que uno convierte la escritura o el arte en un compromiso eludible y la tontería más rutinaria –colgar ropa en un cordel o mandar un mail burocrático– en un acto perfecto. Lo que más me intriga es el instante en que ese desplazamiento del foco del deseo se vive sin dolor. En el alegre abandono y no en la obligada página en blanco surge el «tema a explorar», el recuerdo, la literatura. Como ahora, que recuerdo mi edición de 1999 de *Cartas de cumpleaños*, el poemario de Ted Hughes sobre Sylvia Plath que Jaime me regaló el día en que cumplí veinticinco años. Hay una graciosa dedicatoria: «Para Gabriela, los poemas del esposo a la esposa. Ted y Sylvia… Nosotros respiramos». Me pasé años, quizá demasiados, obsesionada con ese matrimonio de escritores y (de una manera secreta, culpable, juvenil y estúpida) deseé casarme con un poeta brillante, guapo e infiel, y consumirme en los celos y en la destrucción para escribir poemas estremecedores. He cumplido algunos de mis sueños. Antes del libro de Hughes yo quería ser Plath, la mártir. Después de leer este detallado canto al dolor y a la poesía de una vida en común, sólo quise escribir, escribir y respirar, y si fuera estrictamente necesario, cometer un crimen. Cuando Sylvia y Ted se encontraron, señala Andreu Jaume en el prefacio a la nueva edición de las cartas, «sus mitos personales se sometieron a una tensión nueva y se interrogaron en otro espejo». Cuando dos escritores se casan, se casan también sus fantasmas. Y es para siempre.

Partamos de que estamos un poco borrachas las tres. Pero considerando que la última vez que nos vimos así, nosotras solas, teníamos menos de quince años, me parece que estamos llevando bien el reencuentro. Nos llamaban las comadrejas porque andábamos siempre en esas manchas de tres que tienen tanto sentido en el colegio: dos chicas solas son rivales pero tres son invencibles. Eso creíamos. Nuestra amistad era sólida como los muros de nuestro cole San Felipe. Eso creíamos. Y ahora estamos aquí, treintonas, dos de nosotras con hijas a cuestas y la otra regia, tomándonos un maracuyá sour como corresponde a nuestro estatus de mujeres (casi) maduras e instaladas en su tiempo.

El año pasado escenificamos para Lena y Maiku –las hijas– nuestra legendaria coreografía de las Flans, pero en el 2012 toca embriagarse. La velada discurre entre recuerdos de amoríos colegiales y trapitos al aire. De pronto, una de nosotras dice algo que las otras dos habían olvidado. No es nada en realidad, un detalle sin importancia sobre alguno de nuestros novios compartidos. Pero es más que suficiente.

Una de nosotras se siente culpable. Una de nosotras se pregunta si es una mala persona. Una de nosotras va al baño.

Una de nosotras la sigue. Una de nosotras dice «Si quieren mejor las dejo solas». Una de nosotras ríe. Una de nosotras se siente un poco triste y cuenta su vida. Una de nosotras también. Una de nosotras se escabulle. Una de nosotras ejerce su oficio sin quererlo. Una de nosotras pregunta por alguien más. Una de nosotras se lo cuenta todo. Una de nosotras revela detalles que una de nosotras no hubiera imaginado nunca. Una de nosotras se siente feliz. Una de nosotras también. Una de nosotras nos desafía. Una de nosotras acepta. Una de nosotras nos cuestiona totalmente. Una de nosotras piensa que debemos irnos. Una de nosotras no quiere irse nunca de esta mesa. Porque una de nosotras sabe que parte de ella será siempre una de nosotras. Rucas, treintonas, comadrejas.

Un hijo biológico de las dos, con nuestros genes, sería una criatura increíble, dijo mi amiga. Primero pensé que era imposible, dos mujeres procreando, qué locura, pero luego comenzó a parecerme algo sensato, con mucho sentido y llegué incluso a rebelarme contra su aún imposibilidad científica. Lo discutimos en un grupo de amigas, ninguna era propiamente lesbiana o únicamente lesbiana y la mayoría estaba de acuerdo en que si esto fuera realista ya lo habrían tenido con algunas de las presentes. Haciendo un breve recuento de las personas, hombres o mujeres, con las que nos gustaría reproducirnos, el saldo fue con más mujeres que hombres. Y este hecho era casi circunstancial, porque en realidad lo que nos atraía era la idea de tener un bebé con alguien, hombre o mujer, de confianza, una persona con una psique afin, inclusiva, alguien con quien compartiéramos amistad y un amor puro, alguien que no acaba decepcionándonos. Ese alguien, sin embargo, siempre era una mujer. La ciencia reproductiva me fascina e intriga y aún más cuando se pone delirante y bordea los límites de lo ético. En teoría se podría fertilizar un óvulo con una célula procedente de un cuerpo femenino. Aunque todavía sólo se haya probado con ratoncitos, y sin muchos resultados. Si los científicos en lugar de seguir investigando en tratamientos contra la calvicie, como dice mi amiga Elisa, se pusieran a trabajar en esto, tarde o temprano dos mujeres podrían engendrar. Y, atención, tendría que ser una niña, porque nosotras no tenemos la información genética para obtener un niño. Parece un chiste misándrico, pero la fertilización de óvulos sin espermatozoide no es ninguna quimera. Es, en cambio, de varias formas, la muy plausible última frontera. Eso que faltaba por arrebatarle a la naturaleza. La liberación del hombre de su deber exclusivo de fecundador y la vía despejada para una hipotética refundación de la humanidad de óvulo a óvulo. Suena monstruoso pero justo.

Desde que tengo un iPhone debo soportar toda clase de infumables discursos sobre la tecnología y la incomunicación humana. Cada vez que pongo mi celular sobre la mesa del almuerzo, me siento como una mafiosa que pone su pistola al lado del plato. Puedo sentir la hostil mirada de quienes esperan por alguna extraña causa TODA mi atención. Defiendo cada día mi derecho a la multitarea y me asumo precozmente como una cyborg, esto es, como un ser vivo mejorado por su íntima relación con la máquina.

Todo iba bien hasta que el otro día, estábamos Jaime y yo en la cama, revisando el correo cada uno desde su teléfono y se nos ocurrió la genialidad de compartir nuestra ubicación en WhatsApp, esa aplicación con la que podemos textear gratis, mandar fotos, audio y, por si fuera poco, enviar nuestra localización actual para no perdernos y, sobre todo, para que nadie que nos esté buscando se pierda en el camino. ¿Veríamos nuestros pequeños avatares uno encima del otro en nuestra cama de píxeles?

Jaime y yo intentábamos localizarnos en el mapa y en el territorio, cuando, ¡oh, sorpresa!, según mi teléfono, él se encontraba a 350 metros de mí, en medio de la plaza que está a dos cuadras de nuestro departamento. Según su teléfono, yo estaba algunas calles más abajo, en la puerta de un museo. En la pantalla éramos dos entidades azules, distantes y trémulas, vagando en el frío de la noche. Cada uno por su lado.

Desde que tengo un teléfono inteligente, no he hecho más que negar la tesis de que estos artefactos que tanto nos acercan estén en realidad contribuyendo a nuestra desconexión total del otro y de uno mismo. Puede ser cierto o no, pero siempre será un error echarles la culpa: ellos sólo son inteligentes. Nos toca a nosotros decidir si la distancia que detecta la máquina es la distancia real entre los cuerpos.

DECRECER

«¿El campo? ¿Ese lugar donde los pollos se pasean crudos?». Como el poeta Max Jacob, Jaime tiende a ver todo aquello que esté más allá de los límites de la ciudad como un no-lugar. Una especie de vacío. Venas sin sangre que es capaz de recorrer plácidamente durante un par de días hasta que empiezas a verlo languidecer. Hasta que no se cruza con cien personas caminando en la misma calle no vuelve a sentirse bien. No lo culpo. El hecho es que siempre hemos vivido en ciudades y más particularmente en determinados centros de las ciudades: en Lima éramos de Barranco, en Barcelona fuimos del Raval, en Madrid —es casi ridículo— vivimos a cincuenta metros del Congreso, a una calle de la plaza de Cibeles. Por eso siempre dice que nosotros no salimos de casa, emergemos como gusanos del centro mismo de la manzana. «Corazón, corazón, corazón, corazón de cemento; corazón, corazón, corazón, corazón de neón». Supongo que nunca ha dejado de ser el flâneur que escribió *Las ciudades aparentes*. Yo, por mi parte, necesito espacio. Abrir de par en par la cortina de la polución. Océanos de tiempo para escribir mi novela. Necesito plantas que no sean como gatos a los que hay que atender aunque sea un poco. Un perro que tenga su propia llave. Un patio con columpio. Eso es lo que necesito. La montaña como posibilidad. La certeza del cielo. El frío en la intemperie y el calor adentro. Hace unos meses casi lo convencí de la conveniencia del traslado. De que éste, tal vez, era el momento de llevar a cabo nuestro anhelado proyecto tribal.

Por lo mismo que pagamos por este agujero en la ciudad tenemos una casita en un pueblo cercano, le dije. Nuestra hija estudiaría en la escuelita local, con amigos chapocitos como Heidi, y nosotros… siempre podemos plantarnos en la urbe en media hora de tren o autobús. Estuve cerca, pero conversando con amigos que habían dado el gran salto nos convencimos de que en realidad apenas te mudas a las afueras empieza a apoderarse de ti una flojera sin fondo, un sedentarismo folclórico, que hace que poco a poco te olvides de la civilización y acabes convertido en un pueblerino irremediable. *What happens in Chosica, stays in Chosica.* O en Torrelodones. Da lo mismo. Y así hemos seguido alimentando las grasas de las capitales. Pero me gusta pensar que, como Blancanieves, tengo por aliados a gamos y castores, al valiente jabalí y a los pájaros del bosque. Y que puedo ser feliz rodeada de enanos mientras haya una playa cerca en el verano. Y una estación para partidas o regresos dramáticos. Jaime intenta desarmar mis bucólicas ensoñaciones con palabras como «arte» o «teatro» –términos y disciplinas que por lo demás le traen sin cuidado– y yo sus nostalgias de *urban cowboy* con palabras como «hacha» o «leña». Yo esgrimo la seguridad de la vida retirada. Él esgrime la inseguridad del aislamiento. Yo hablo de excursiones en carro por carreteras secundarias. Él contraataca con paseos de treinta cuadras entre edificios atestados de personajes. Yo hablo de secuestros al paso y él de asesinos en serie con un jardín de huesos en el patio trasero. Hay cosas que nunca voy a dejar de agradecerle a la ciudad. Ciertas escaleras, ciertas urgencias del cuerpo, ciertos abismos. Nunca despreciaré la velocidad, las grandes avenidas. Nunca renegaré del microclima de los centros comerciales. De los bares oscuros y las tardes luminosas. «Doncella sin pechos. Natal e indescriptible». Pero quiero el divorcio, querida. Firma aquí. Porque no puedo evitar esta creciente sensación de que la ciudad es, como se ha dicho, una historia que ya está escrita, mientras que el campo es un papel en blanco. Cosas de mi imaginación, coartadas de escritora, llámenlo como quieran pero yo me quiero largar y no cejaré en mi intento. Es cuestión de probar. Y si un día me canso de tanto mirar la vida desde el otro lado, si decido bajar de mi montaña, si me alcanza ese «destino de furia», digo, ya «me verás caer como una flecha salvaje», allí «donde nadie sabrá de mí, pero seré parte de todo».

«Decrecer» es la palabra de moda en casa. No es avanzar ni ganar ni prosperar. Es «decrecer». Ya no porque se hayan alineado los astros sino por decisión propia, hemos empezado a dar marcha atrás en nuestra infinita carrera hacia el progreso. En la lógica en la que nos hemos movido siempre, nos estaría yendo muy mal en la vida. En la lógica del caracol, todo lo contrario. No es una liebre, no es una hormiga, es el lento y baboso animal el símbolo de los que suscriben la doctrina del decrecimiento, la filosofía del necesitar menos para vivir mejor. ¿Para qué seguir creciendo? ¿Para qué seguir consumiendo? ¿Para qué producir más si lo disfrutas menos? Detente un momento a pensarlo. Fue Ivan Illich, el anarquista austriaco, quien para elaborar su crítica del desarrollo económico habló de la sabia manera como un caracol construye su concha. Primero sumando espiras cada vez más amplias para de pronto cesar y comenzar a enroscarse. Una vuelta más y su caparazón se hubiera multiplicado tantas veces que le sería imposible sobrellevar la carga: «Desde entonces cualquier aumento de su productividad serviría sólo para paliar las dificultades creadas por esta ampliación de la concha fuera de los límites fijados por su finalidad». Yo empecé a decrecer hace unos meses, consciente, voluntaria y voluntariosamente. De un trabajo bien remunerado, pero esclavizante y poco alentador, al frilancismo precario pero libertario. Nuestro último movimiento ha sido una mudanza. Del centro a la periferia, de la gran ciudad al barrio. Todo a mitad de precio. En este camino hacia una vida sencilla espero muchas cosas de mí, pero sobre todo espero decrecer. Pasito a paso. En la misma lógica: Rocío, Candela, Arantxa, Jaime y Rosi construyeron hoy nuestra cocina con sus propias manos. Ha quedado preciosa. Casi de diseño. Mi caparazón se ha reducido exponencialmente. Hoy avanzo.

Mi hija (8) ha pegado en la ventana sus «horarios de yoga»: sábados de 11.00 a 12.30 y de 13.00 a 13.30. Más allá de lo perturbador de ese letrero en una casa donde nunca hemos practicado nada parecido al yoga o la meditación trascendental —ni, casi, la calma—, lo cierto es que cada fin de semana la niña me sorprende cuando, después del desayuno, coloca unos cojines frente a la ventana (que ni siquiera da a un bonito paisaje, sino a un oscuro patio interior), se pone «ropa cómoda» (*sic*), pone «música relajante japonesa» (en Spotify), coloca una vela (apagada, que no somos tan irresponsables) a su costado y se sienta realmente durante varios minutos a no hacer absolutamente nada. ¿De dónde viene esta necesidad, aparentemente innata, de parar? De un tiempo a esta parte leo cada vez más artículos e informes acerca de personas que defienden el viejo concepto del *dolce far niente*. Lejos de la idea decadente del ocio en sí mismo —noción perfectamente defendible, por otro lado—, es una actitud contracultural que busca en la idea de no hacer nada una forma de defenderse de la rutina y las normas de lo que conocemos como vida urbana. Detenerse como una forma de defensa personal. Porque ¿qué es no hacer nada en estos tiempos? ¿No ver televisión? ¿No tener un trabajo con horario es no hacer nada? ¿No consumir compulsivamente tecnología y accesorios? ¿No tener una familia normativa? ¿No poseer una casa en propiedad? ¿No seguir a pie juntillas las reglas de un sistema económico que acapara nuestro tiempo y energía? ¿No invertir en el futuro es no hacer nada? Para que vean que ésta no es una idea nueva y que ronda en las cabezas pensantes de la humanidad desde hace siglos, permítanme referirme a Diógenes el Cínico (412-323 a.C). Como seguramente sabes, lector, el mencionado filósofo vivía en un tonel, se vestía con harapos y, cuenta la leyenda, comía con los perros. De hecho, era tal el desapego de Diógenes por las cosas materiales y las normas de la sociedad ateniense que, según parece, el término *cínico* deriva de *kynos*, «perro», y *kynikos*, «perruno». En Europa son muchos los movimientos antisistema que reniegan del trabajo remunerado, creen en el trueque, el intercambio de habilidades, la okupación como forma de ataque al sistema capitalista. En Madrid uno de esos colectivos está empezando a usar una moneda propia y liberada del sistema (una especie de canica) que equivale a horas de trabajo o de servicios. Muchos viven en la ciudad, pero algunos se trasladan a huertos de las afueras y cultivan alimentos que luego reparten entre otros colectivos. Hay gente dedicada a hacer pan, jabón, cerveza. Cada vez que hablo de ellos, sin embargo, la primera respuesta que obtengo es «Bien, pero esta gente ¿en qué trabaja?». Bueno, ése es el punto, no trabajan. «Pero ¿y de qué viven?». Pues de lo que producen, cultivan, intercambian… «¿Y qué hacen el resto del tiempo? ¿Estudian?». No necesariamente. «¡O sea que esta gente no hace nada!». Bueno, llámalo nada, ellos lo llaman resistir. Pensemos por un momento en un día cualquiera de nuestra vida, pensemos en los horarios, el estrés, las oficinas, las compras, las convenciones sociales. Ahora hagamos, si podemos, un experimento. Detengámonos por un día. Un día. Intentemos vivir al margen, no producir como nos dicen que produzcamos, no consumir como nos dicen que consumamos. No participar del sistema. No hacer nada. ¿Difícil? Sí, y más en una sociedad como la nuestra. Pero no imposible. Hay que organizarse, crear redes, establecer alianzas, rescatar la tribu. Resistir. No hacer nada.

TELÉFONO MALOGRADO CONMIGO MISMA

G: Me encanta hablar por teléfono, en Skype tengo que peinarme.

G: A mí la camarita me parece un retroceso.

G: Como el rosario electrónico con la voz del papa Juan Pablo II.

G: ¿Qué tal España?

G: Es el crucero Concordia semihundido en la orilla. Tengo ganas de abandonar la nave, capitán, está todo oscuro aquí.

G: Deberías volver al Perú, en serio…

G: No me hables de comida.

G: El otro día te insultaron en un periódico. ¿Cómo te sentiste?

G: Es el precio de ser sincera. En general oscilo entre la Halle Berry de la escena de *Monster's Ball* y alguna de *Bombera, agárrame la manguera*. Es decir, paso de la risa al llanto y viceversa como una paciente de Larco Herrera en un día de sol.

G: ¿Estás hablando conmigo desnuda?

G: Sí.

G: ¿Por qué?

G: Porque cuando las cosas empiezan a fluir sudo copiosamente. Es una tara o un mecanismo de defensa. Ahora, mientras hablamos, me iba entusiasmando y he tenido que quitarme todo, en pleno invierno, sostén y calzón inclusive.

G: ¿También escribes desnuda?

G: Sí, claro, es lo que llamo el striptease de la escritura. Me gustan los desnudos injustificados. Escribir calata para una mujer no es como escribir calato para un hombre, ojo. Los huevos siempre están debajo de la mesa, pero las tetas cuelgan en medio de una frase. Yo procuro que mis tetas estén, al menos, debajo del teclado.

G: Siempre he querido preguntarte por qué siempre pareces fuera de control, por qué te brilla la cara, por qué gesticulas. ¿Te has visto en YouTube?

G: Sí. Por momentos algo de mi vulgaridad me llega muy hondo, como si me sacara un peso de encima, el peso de la última prenda en una partida de póquer. Verme practicar con maestría el dudoso arte del autosabotaje es un placer culposo.

G: Imagino que debes llorar mucho. ¿Cómo te consolarías a ti misma?

G: Me haría el amor sin el menor ademán o ruido para no despertarme; al acabar me quedaría en la cama hablando de cosas chistosas o escabrosas. Trataría de acariciar mucho mi rostro con infinita bondad. A continuación me llevaría a buscar cremoladas y chirimoyas. Por la tarde acabaría en un bar frente al mar o en un barrio peligroso emborrachándome y contándome cosas que nunca me he contado. Después, si puedo elegir, me ayudaría a perder la conciencia.

G: ¿Cómo te convertiste en una poeta secreta?

G: Leyendo a las poetas suicidas. La asfixia del hogar, la náusea existencial que produce el olor del Ayudín mientras lavas los platos me hizo presa de la escritura automática. Escribí varios poemas donde el yo poético se comparaba con distintas plantas.

G: ¿Y el periodismo?

G: El periodismo está bien, pero me he cansado de tener siempre esta cara sonriente y preguntona. Quiero que la gente conozca mi rostro vallejiano y lo voy a hacer por Twitter.

G: Bueno, no sé a qué más podrías dedicarte. Eres una pésima ama de casa. Si no fuera porque tus amigas dan la voz de alerta cada vez, nunca cambiarías esas sartenes con el teflón descascarado y cancerígeno.

G: Yo dejo que mi casa se limpie sola. No entienden que todo es material poético.

G: Y tu marido, en tanto, siempre que te ve removiendo una olla quiere tener sexo contigo.

G: No hay pierde. Me sorprende por detrás. Incluso no tiene por qué saber que la olla está vacía.

G: ¿Por qué no escribes un haiku sobre eso?

G: No creo que pueda, no tengo mucho que decir en pocas palabras.

G: ¿De qué trata el último poema que has escrito?

G: Se titula «Maniquí». Está inspirado en la primera impresión que le causó Sharon Tate a Susan Atkins, una de las chicas Manson.

G: ¿Qué es la poesía?

G: Es una araña descubierta sobre la tabla de apanar la carne que se escapa por un hilo invisible hacia algún lugar sobre tu cabeza y tú te quedas agitando una piedra en el aire.

G: Sé que lo que más odias es «esa estúpida mierda literaria».

G: Sí, cambiemos de tema.

G: ¿Qué te gusta de un hombre?

G: Que tenga la caballerosidad, por ejemplo, de morirse antes que yo.

G: ¿Y de un amigo?

G: Que esté siempre en el chat y que las cosas no le vayan demasiado mejor que a mí.

G: ¿Y sobre la felicidad? ¿Sigues pensando que vas a llevar muy bien la enfermedad y la vejez?

G: Nadie está más feliz que yo viendo Cuevana en posición horizontal con un vaso de algo y una cañita.

G: No me engañas, sé que te hubiera encantado ser una preciosa y exitosa indie multidisciplinar imán de rockstars.

G: Jamás. Lucha sin cuartel contra lo cool. Si no puedes ser como ellos, combátelos.

G: ¿Cuál es tu estado de ánimo en este mismo momento?
G: Frío.

DEL LADO DE ACÁ Y DEL LADO DE ALLÁ

Somos gente de neblina. La niebla camina cada día con sus patas de gato sobre nuestro corazón. Nacemos y crecemos bajo la promesa incumplida del sol y de la lluvia, por eso agradecemos como nadie los rayos de luz y las gotas más sutiles. El clima, entre nosotros, nunca es un gran tema de conversación.

Somos gente de calle. De naturaleza ambulante. Porque hemos venido de lejos. Somos hijos, nietos, de gente extraña, pobre, incómoda, aventurera. Vivir para nosotros es radicalizar ese legado. Salimos del caos para recrear el caos. Ahí reside nuestra vitalidad, lo que nos hace indomables. Sufrimos, vendemos, compramos, comemos, miramos, huimos, amamos en la calle, incendiamos el asfalto de color flúor. Nos vamos. Y a veces hasta volvemos.

Somos gente de mar. De arena y de arenal. Nuestro barco es una ballena varada sobre la que aletean los gallinazos. Aprendimos que todo se pudre y todo revive al lado de las olas. Nuestros estados de ánimo van de una playa fría a otra desolada. Cavamos huecos profundos en la orilla de las cosas. Nos gustan las botellas sin mensaje.

Somos gente de noche. De bares desaparecidos y polvos y diablos azules. De mapas secretos, desencantos y escaleras hacia ninguna parte en las que beber frenéticamente algo de oscuridad y asombro. Nuestros poetas escriben las palabras más hermosas del mundo. Y mueren después de comprenderlo todo.

Somos gente de mierda. A veces lo somos. No hay otra explicación para tanto odio, para tanto escombro. Aquí construimos nuestra casa. No para vivir en ella, sino para sobrevivir contra ella. Si somos lo que habitamos, entonces ¿por qué este desamor de multitudes? Ésta es nuestra ciudad, quizá sea nuestra única oportunidad sobre la tierra. Somos jóvenes e inverosímiles. Todavía podemos intentarlo. Tenemos en común la neblina, la calle, el mar, la noche. La mierda, no.

Llevamos una manta y hasta una pelota. Qué ilusos. O, para ser exactos, qué desactualizados. Habíamos olvidado que en La Herradura ya no había playa. Que un día el mar, tránsfuga y revocador al fin, se había llevado la arena de Susana y ya no teníamos orilla, ni los cromáticos yates, ni el azul Prusia del poema. Todo eso nos dio ganas de beber el cóctel con el que Julio Ramón Ribeyro había brindado un día antes de morir junto a su plato de choritos preferido. El viejo mozo que nos servía los ceviches ladeaba los platos dejando caer el tiempo y la leche de tigre por un agujero negro. Ante ese nuevo escenario, Rocío, extranjera al fin, dijo que nunca antes había visto gaviotas negras como cuervos y que todo le parecía una señal del fin del mundo. Lena, niña al fin, conservó intacta su alegría para lanzar piedras contra las piedras. Jaime, poeta al fin, habló de los departamentos invisibles, de los coches que salen y regresan de la nada. Yo propuse ir hasta el edificio blanco oxidado y averiguar la magnitud de su abandono, saber quiénes vivían ahí, detrás de las fachadas erosionadas por las olas. Un carrazo que salió del estacionamiento casi nos atropella. Había vida allí, aunque no sabíamos aún de qué clase. El mar, con su olor a todos los cadáveres de la historia del planeta, nos hizo volver por más vodka con fresa. El señor mozo nos esperaba con la paz de los bares, con las historias que queríamos escuchar, que queríamos escribir. Los «peces gordos» no vivían ya en esos oxidados edificios blancos cerca al túnel de La Herradura, pero «seguían viniendo». Y el viejo les llevaba jaleas hasta sus departamentos alfombrados, donde esperaban también sus amantes envueltas en toallas blancas, con las narices blancas. La antigua ostentación playera convertida en puerta falsa. ¿Puede haber algo más inspirador que el paisaje de la perfecta decadencia, ese que, podrías asegurar en ese momento, no estás viendo sino inventando? El mar y el tiempo quieren tragarse todo y hay que dejarlos hacer.

Camino por la plaza de Barranco y me doy de bruces con una imagen que nunca había visto. Es posible que se me escapara por el follaje que crece detrás de los muros. Pero allí están, no sé desde cuándo ni hasta cuándo. Es más, es probable que haya sido una pesadilla porque ni siquiera estaba borracha. No sé si las ha hecho un artista o un bromista de mal gusto. O alguien que es las dos cosas a la vez. Quizá para quienes pasan por ahí todos los días ya no signifique nada, pero para mí la escena opera como un golpe en la cabeza, como un símbolo de algo mayor. Puede que como un recordatorio o una advertencia, como un mensaje del pasado o del futuro. Son esculturas figurativas de los últimos presidentes del Perú que un restaurante exhibe como parte de su decoración exterior kitsch. Un manifiesto político o marketing dudoso, pero por fuerza una inexplicable llamada a la indigestión. Como muñecos que se quedaron sin quemarse las noches de Año Nuevo; están allí Belaúnde, Fujimori, Toledo y García, la crema y nata de nuestro *freak show* político reciente. Cuánta desilusión cabe entre esos nombres, y cuánto latrocinio. A alguien, a algún desmemoriado elemento o a casi treinta millones, se les pasó tirarlos a la hoguera del olvido. Los dejamos seguir comiendo en la mesa de al lado, cada uno a su dañina manera. Pagamos nosotros. De cerca, los veo como un grupo de amigos divirtiéndose, tomándose unas cervezas alrededor de la mesa, con sus cerebros de papel maché y sus sonrisas arrugadas. Pero al alejarme sólo un poco, al tomar la distancia justa, la perspectiva es completamente novedosa. Entonces ya no se ven tan a su libre albedrío: los veo encerrados, a ellos y a sus herederos políticos, a la continuación de cada una de sus castas, conservadoras, corruptas, fracasadas, detrás de las rejas de la fachada, y mientras más me alejo de la imagen más solos y acabados están en su último banquete.

Desde el avión, la otra ciudad amanece como todas. La periferia como un campo sembrado de destellos. Mientras descendemos la otra ciudad se despereza en mi memoria. Se abren paso los cafés, las terrazas y los bares. Los paseos, los taxímetros. Todo aquello que hace que la que hasta entonces era mi ciudad sea «la otra». Otra manera de hacer política, otra forma de corrupción, otros panfletos. Y una idea de cotidianidad que he adquirido con los años. Paz de los bares. Paz de los cinemas. Porque he llegado a conocer bien la otra ciudad. Así que me bajo del avión y estoy, de alguna forma, en casa. ¡Auch! Cielo azul, nubes perfectamente delineadas y blanquísimas. Todo me hace pensar en un atrezo, en una suerte de utilería emocional, lo que me pongo encima para cubrir esa intemperie que representará para mí la ciudad. No ésta, sino la mía propia. Vuelvo a caminar, pues, sobre la otra ciudad. Reconozco la horizontalidad de sus trayectos, las clases sociales temporalmente abolidas en el metro o el autobús. Los rostros me resultan familiares. También la violencia de su lengua y de sus formas, su simpatía brutal por todas las cosas. Y pienso otra vez en Lima, y durante un segundo de esquizofrenia ciudadana siento una culpa ligera como garúa. Miles de kilómetros me separan de mi infancia. Vivo en una capital europea. Pero lejos de pretenderme cosmopolita siento una especie de nostalgia provinciana. Así que empiezo a pensar que siempre seré una adolescente de la urbe: reniego un poco del pasado y veo el futuro con cierta desconfianza. Y, mientras salgo del aeropuerto —souvenirs de toreros y flamencas, camisetas del Real Madrid—, no puedo evitar preguntarme «¿Adónde vuelves cuando vuelves a un lugar que no es el tuyo?».

Lleno el taxi de maletas. Me espera un plácido trayecto al centro de la otra ciudad. ¿De dónde vengo?, me pregunta el conductor. Lima se ha convertido con los años en un concepto que intento explicar, siempre desde otro lugar, siempre a otras personas, pero ¿cómo ensayar una definición de lo gris bajo este sol forastero? Hace años, cuando llegué a la otra ciudad, llevaba conmigo una especie de Lima interior desde la que brotaban calles y huecos y costumbres que se superponían sobre la melancolía. Extrañaba la comida. O una forma de relajación muy parecida a la desidia. Extrañaba a algunas personas. Pero trasladarse a otra ciudad es cambiar el acento a tus afectos. Una pronunciación extraña del amor, acaso del deseo. Muy pocos años después, viajar a Lima era ya «irme de viaje», tocar tierra en la otra ciudad era «volver». Cruzo la otra ciudad sin contratiempos. España no es un ejemplo de civismo para el resto de Europa pero luego de dos meses en Lima la otra ciudad vuelve a parecerme Estocolmo. Ningún carro parece querer asesinarme. No hay un solo panel publicitario interrumpiendo las señales de tránsito. A ningún candidato a cualquier cargo de algún municipio se le ocurriría pensar que obtendría votos ensuciando la ciudad con su cara. Llego a casa en la otra ciudad pero estoy en modo Lima. Quizá por eso esta extrañeza. Porque la otra ciudad siempre será eso, la otra. Y aunque ya no suelo dejar mi corazón en Lima, la horrible sigue siendo eso, La ciudad. Mi amada, mi blanca.

Hay episodios en la vida de mi país que hacen que mi relación con el Perú sea como la de una niña rechazada por un padre imbécil.

La idea del abandono paterno atraviesa nuestra cultura, está en nuestra idiosincrasia, es nuestra esencia. El sentimiento flota en las velas de los barcos de los conquistadores que se van cargados de oro, se hace profundo en la mirada del mestizo Garcilaso de la Vega, desesperado ante el más ligero desdén de la corte española, arde en la literatura de Ciro Alegría y Vargas Llosa, tiembla en la de Arguedas y Valdelomar.

Nuestra realidad y nuestra ficción encontrándose con el fantasma de la paternidad irresponsable. Tal vez por eso fueron madres las que en su completa orfandad protagonizaron las escenas más desgarradoras de nuestro pasado de terror, tal vez por eso son nuestro futuro.

Como Rosa Cuchillo, el inolvidable personaje de la novela de Óscar Colchado, las mujeres de mi país transitan el mundo de los vivos y el de los muertos buscando sin descanso a sus hijos desaparecidos en los vertederos de cadáveres de la historia no oficial ante la indolencia de quienes tienen la obligación de protegerlos.

Reniego de la paternidad del Estado. Exijo pruebas de ADN. ¿Cómo compartir algo, nacionalidad o cualquier cosa, con gente como la que hace posible el esperpento? ¿Hay algo de mí en sus pactos de secuaces, en sus componendas miserables, en sus conjuras idiotas? ¿Hay algo de mí en su debilidad? ¿Hay algo de nosotros? Voy a decir una vez más que no, como quiero creer que dice la gran mayoría de peruanos. Y sin embargo somos parte de este magma descorazonador.

«El palacio tiene ahora un profundo silencio de mausoleo y desde ahí nos gobierna un cadáver que respira», hacía decir el gran José Watanabe a su Antígona.

¿Habrá que ponerse en marcha? ¿Pisar las calles nuevamente? ¿Buscar vías legales, no callar, seguir manifestándonos? Se me antojan ahora actos románticos e inútiles, como arrojar pedruscos en aguas estancadas y turbias. Pero es mejor que acobardarnos ante el ceño del poder. No sea que veamos en el pasado, como Antígona, el rostro de la culpa, «un gesto que me tortura y me avergüenza».

Creo que ésa fue la primera vez que supe que algo muy feo se escondía entre las sombras, porque a mi padre lo habían venido a buscar de madrugada para darle una mala noticia y él se había subido al carro y la siguiente vez que lo vi estaba en la tele. Se lo veía en un segundo plano, en las laderas de Uchuraccay. Recuerdo la emoción de ver a mi papá por primera vez en televisión. Pero recuerdo más que dentro de esas bolsas estaban unos periodistas, como mi papá, pero muertos. En el Perú de los ochenta nuestros padres cuidaban de nosotros, pero no podían escondernos todo el horror.

No era raro toparse con fotografías de cadáveres. Yo estaba obsesionada con los cadáveres, y desde aquella primera vez, sobre todo por los que venían dentro de bolsas negras. Desde esa época siempre miro lo que no quiero mirar.

Recuerdo en especial los de una familia entera asesinada por Sendero Luminoso. En la portada de *Caretas* vi una foto a sangre, en la que los cuerpos torturados de padre, madre e hijos yacían tirados uno al lado del otro en el jardín de la casa, con carteles colgados de sus cuellos en los que se leía, escrito con su propia sangre, «cerdos traidores». Pensé que eso podía pasarnos a nosotros.

En medio del fuego cruzado, mis padres se veían frecuentemente obligados a explicarnos ese tipo de fotos con dolor y, creo, con vergüenza. Si al volver del trabajo papá y mamá se retrasaban un poco, comenzaba a pensar que estaban muertos. Me abrazaba a sus pijamas, aspiraba el olor que sus cuerpos habían dejado por la mañana hasta llenarme el corazón y lloraba con mi cara pegada a la ventana.

Había un monstruo del que todo el mundo hablaba y mientras estuvo escondido en las sombras le temimos como a nada. Pero un día encendimos la luz y sólo vimos a ese señor gordito aferrado a su propio mito.

¿Era eso?

La guerra interna es un fenómeno complejo. Pero el monstruo es el monstruo.

No sería raro que yo muriera de eso. No sería raro que tú murieras de eso. Los que la hemos visto de cerca sabemos que anida y carcome invisible hasta que estalla como un pétalo aplastado sobre el cuerpo.

Lo peor de la Enfermedad no es, sin embargo, su ferocidad, sino su persistencia. Los que la hemos visto de cerca sabemos lo que es suspirar aliviado cuando parece apagarse. Sabemos de las miradas de ánimo, las sonrisas esperanzadas, la voluntad de vencerla. Pero la Enfermedad siempre vuelve. Como un mazazo en la nuca. Diciéndonos que no, que nunca, por mucho que lo intentemos, podremos escapar de ella. Si hay algo que he aprendido en todos estos años de verle la cara a la Enfermedad es que juega contigo, como si tuviera voluntad propia, como si fuera algo más que la suma de elementos infectados. La Enfermedad intenta doblegar tu voluntad, hacerte hincar la rodilla, quiere verte flaquear. Quiere que te rindas. Y como siempre no sólo se lleva al enfermo por delante, sino que arrastra un sinnúmero de víctimas colaterales. Y entonces el testigo se convierte en una víctima más. Un día te das cuenta y ha infectado a un familiar, a un amigo, a un jefe. Al principio te cuesta aceptar que le ha ocurrido a alguien cercano, empiezas a pensar en esa persona y recuerdas que parecía «normal». Pasas por una etapa de negación porque simplemente no das crédito a tus ojos. Luego te ves obligado a aceptar la verdad y luchas, luchas con todas tus fuerzas para cambiar ese hecho irrevocable. Gritas, pataleas, lloras, haces causa común con otros damnificados. Haces masa.

Pero la Enfermedad persiste. Y al final te deja un vacío sin fondo, un sedimento de pena en el alma que te va a acompañar el resto de tu vida. En el Perú la Enfermedad tiene un nombre: corrupción, no distingue raza, estrato social o condición económica, y ataca a personas cada vez más jóvenes, contaminándolo todo, matando la esperanza, quitándole al hambriento la última migaja de justicia.

Tengo que darles una noticia negra y definitiva, más negra que definitiva: todos ustedes son cholos. En serio, todos ustedes son, literalmente, cholos. Me explico: en mi vida hay unos cuantos episodios de racismo y *bullying*. Era la Lima de los ochenta, tan Arnold y Willis, y era un colegio progre, *of course*, con niños que jugaban a diferenciarse verticalmente los unos de los otros comparando los matices de su piel. Si eras sólo un tono más oscuro estabas perdido. En el mundo que se me revelaba, creí que mis compañeros eran blancos, mi hermana blanca, mis amigas blancas, mis jefes blancos.

Lo peor es que buena parte de esta gente que me rodeaba realmente se creía blanca o más blanca que yo, que venía a ser lo mismo. O hacía todo lo posible por acercarse a ese supuesto ¿ideal? aunque fuese por negación: un poco menos negro, un poco menos cholo = más blanco. Todos los niños peruanos descubren, más temprano que tarde, que hay un degradé de colores en esta patria nuestra que es como un escalafón estético y moral. Arriba estaba el blanco, abajo el negro/cholo/pobre/indio.

Un día salí de ahí, de esa cárcel mental, que a veces es un país, una ciudad, un pasado, un complejo, y, ¡oh, sorpresa!, empecé a ver la vida en tecnicolor. Porque resulta que no hay una sola persona de mi familia que sea blanca, ni una sola de mis amigas, ni uno solo de mis exjefes que lo sea, sino que todos conforman un amplio espectro de lo cholo. En el Perú todos son cholos, ni más ni menos que yo. La presentadora del noticiero es chola, por ejemplo. La diva, lorcha. Las actrices de telenovelas, cholérrimas, hasta las rubias. Los escritores «criollos» (los no «andinos») son cholos. Hay cholos recios, cholones, cholazos, cholas ricas, cholas apitucadas, hasta la primera dama es china chola. Y cualquiera es cholo con su plata. ¿Por qué es tan difícil aceptarnos? Aquí, en nuestra fortaleza de la choledad, intentemos encontrar las respuestas juntos.

Vine a España porque me dijeron que aquí vivía mi destino, una tal Europa. Pero la crisis es Europa y España ni siquiera es Europa, es un páramo. En los últimos meses, dos de mis mejores amigas regresaron. Una volvió a Lima, la otra se fue a Miami, que para los efectos es casi lo mismo.

En total, leo en las noticias, 1.500 peruanos se fugaron en el último año, junto a 3.200 ecuatorianos y 1.700 colombianos. Medio millón de personas se habrán ido en el 2011, incluido un 10 por ciento de españoles. Por primera vez en décadas, decía *El País*, la emigración superaba a la inmigración.

Yo también me fui, pero de Barcelona. Abandoné mi casa para ver la capital. Fue un giro de manual de supervivencia. A veces imagino que ya sólo quedamos Mario Vargas Llosa y yo en Madrid. El panorama es inhóspito. Los que se quedan, sean de donde sean, tampoco encuentran cómo ganarse la vida. Antes era un bicho raro por ser peruana y no limpiar casas en este país, ahora soy un bicho raro por tener trabajo, simplemente. Incluso hay individuos que me creen alemana.

¿En qué momento se jodió España? Pregunta retórica (fue cuando sus propios pedros páramo se cruzaron de brazos y se convirtieron en piedra y polvo). La pregunta es si España dejará de caer, niños del mundo, digo, es un decir. Parece que fue hace un año cuando mi madre hacía cola en la embajada de España en Lima para poder traerme un pote de ají amarillo. De hecho, fue hace un año. Ahora hay que agradecer a los funcionarios que nos denieguen visas y nos disuadan de buscarnos la vida aquí.

Los muertos no viven ni en el espacio ni en el tiempo, decía Rulfo de su páramo. En el Viejo Continente también nosotros estamos desapareciendo. Cerca de mi piso hay un restaurante peruano, La Lupita, famoso por servir el mejor pollo a la brasa del mundo entre niños que berrean, cumbia a todo volumen y malas instalaciones eléctricas. Algunos días voy allí para sentir que estoy otra vez en el Primer Mundo.

Cuando llegué en 2003, España todavía era uno de esos sitios donde daba gusto vivir y había dinero a raudales. Como se trataba de un país nuevo rico (que en su día había salido de una durísima guerra, después una larga dictadura y finalmente una opinable transición), ostentaba con orgullo su flamante membresía en el club de los dueños del mundo. Yo la verdad es que ni me enteré. Estaba demasiado ocupada en sobrevivir como la recién llegada que era. Fui una individua en crisis cuando todo era bonanza, y cuando por fin me disponía a disfrutar de la lluvia de millones le llegó la crisis a todo lo demás.

Pero una cosa es el gobierno de España y otra muy diferente son los españoles. Estos días están siendo muy duros para ellos. Los que no tienen trabajo siguen sin novedades; los que sí lo tienen, sufren el recorte de sus sueldos: no se trabaja o se trabaja más por menos. Los servicios básicos (el transporte o las medicinas) se han encarecido. Las últimas reformas cristalizarán a corto plazo en la simple y llana reducción de personal: menos médicos y menos profesores. Conclusión: las reglas de juego, en realidad, se han cambiado dentro de España y en contra de los españoles.

«Cuídate España de tu propia España», escribió César Vallejo. Y dijo más: «¡Cuídate de la víctima a pesar suyo, del verdugo a pesar suyo y del indiferente a pesar suyo! ¡Cuídate de los nuevos poderosos! ¡Cuídate del que come tus cadáveres, del que devora muertos a tus vivos! ¡Cuídate de tus héroes! ¡Cuídate del futuro!».

Cuánta razón tenía Vallejo. No es que los poetas sean videntes, es que los países son ciegos.

Cuídate Perú de tu propio Perú.

Quedan pocos días para la Navidad y, como siempre que estoy lejos del Perú en estas fechas, termino preguntándome por qué Dickens no habrá nacido en esta hermosa tierra del sol. ¿Qué cuento nos habría contado? ¿Con qué miseria y con qué nobleza habría dibujado nuestro paisaje social? Entonces lo pienso bien y me digo que, en muchos sentidos,

Ribeyro ha sido nuestro Dickens y me quedo más tranquila. Pero, otra vez, leo *Un cuento de Navidad* (1843) y no puedo evitar pensar que aunque sea el colmo de lo dickensiano –eso tan inglés, tan victoriano– ese libro de alguna manera nos retrata a todos. Todos cabemos en un cuento navideño de Dickens. Antes, por ejemplo, solía ver a mi país como a Bob Cratchit, el trabajador pobre pero honrado, sometido a la tiranía del rico tiranuelo; y he visto en el Perú al pequeño Tiny Tim, inocente de toda culpa, enfermo y condenado a morir, pero aun así alegre y esperanzado; incluso he llegado a vernos como esos dos niños abandonados que son Miseria e Ignorancia. Eran visiones bastante patéticas de un país doliente y desigual, lo confieso. Menos mal que ya no soy así. Menos mal que nos estamos volviendo optimistas. Hemos confrontado el fantasma de la Navidad pasada y escuchamos atentos al fantasma de la Navidad presente. El Perú avanza. Pero de un tiempo a esta parte me preocupa que en esta vorágine de crecimiento y engorde, los scrooges del mundo pretendan que nos volvamos como ellos: malos, egoístas, viejos. Tengo miedo del fantasma de la Navidad futura y de lo que pueda mostrarnos de nosotros mismos.

Pero no me hagan caso, incluso Scrooge aprende la lección al final. Es Navidad, perdónenme, no he querido ser aguafiestas, sólo recordar las palabras del maestro cuando decía que con esos relatos sólo pretendía «despertar algunos pensamientos de afecto y tolerancia». Afecto y tolerancia, no lo olvidemos.

Ser de los que nunca calculan bien las fechas, de los que nunca planifican los pasos que darán a continuación, ser tan poco europeo, creer tan poco en las vacaciones, en los ahorros, llevar tan mal los calendarios, las estaciones, las tendencias, ignorar que en el verano hay que ir detrás del sol. Meter, mientras el resto se hace la cera y se prueba los bikinis, chompas de cuello cisne en la maleta. Vivir a medio camino durante meses, a media soledad y una vez al año volar hacia el otro lado, volver al rincón de donde salimos, precisamente hacia la temporada del frío.

Tengo miedo, dice el tango, del encuentro con el pasado que vuelve a enfrentarse con mi vida. Para los que volvemos al Perú, el pasado será lo próximo que hagamos: no es algo que quedó atrás, es algo que siempre está adelante, esperándonos, un horizonte al otro lado del océano sobre el que garúan plomizos los fotogramas de una historia inconclusa. Las estrellas nos miran volver, burlonas e indiferentes en el tango, y en la vida real tampoco le importa a nadie, salvo a un puñado de amores que nos parieron, nos vieron crecer, nos vieron irnos y que nos recuperan cada cierto tiempo para la realidad, después de habitar en sus sueños y oraciones. Ya no hay ni viejos baúles que abrir al otro lado, porque hasta a nuestros papeles amarillos los hicimos cruzar. Hay nuevos nacimientos, nuevas enfermedades, gente que veremos por primera vez, amigos que hicimos, que haremos en esta corta visita, que habremos perdido.

Putearemos por el clima, por el cielo. Llevaremos a nuestros hijos a ver sus raíces enterradas bajo los zapatos de sus abuelos, que volverán a acunarnos con su tierna locura hasta la nueva despedida.

Siempre se vuelve al primer amor, al país que pongo verde a lo lejos, conchuda, y cada vez que debo porque me criaron para ser un espíritu crítico y un país es un buen *sparring*. Pero no hay marcha atrás para el operativo vuelta a casa, ni para esta emoción. Ya tiemblo.

LLAMADAS A COBRO REVERTIDO

LA ÚLTIMA NOVELA DE CORÍN TELLADO

Mi historia con Corín Tellado tuvo un comienzo muy propio de una novela de Corín Tellado. Dos días antes de emprender el viaje hacia Gijón, y con el billete de avión ya comprado, me advirtió por teléfono de que tenía cinco de presión y que con seis la gente se muere. Lo hizo para evitar a último momento que la visitara en su casa. Como en cualquiera de sus melodramas, intentó movilizar mis sentimientos de compasión hacia su heroína-víctima, en este caso ella misma. Casi logra su objetivo. Tiene ochenta y un años, y es verdad que un resfrío a esa edad a veces puede suponer la muerte. No hay nada de melodramático en ello, es la cruda realidad. Sin embargo, la historia no fue ésa. Quien haya leído alguna novela de «la gran dama de la novela sentimental», como se la suele llamar en las contratapas de sus libros, sabe que todas las historias tienen un final feliz. Esta historia, por ejemplo, empieza cuando Corín Tellado dice que sí. La historia continúa en el *duty free* del aeropuerto del Prat, en Barcelona, en ese punto donde dejas todo atrás y sólo puedes pensar en que debes conseguir algo que leer para olvidar que pronto estarás en un avión. Por eso las librerías de los aeropuertos están llenas de libros de bolsillo, bestsellers peso pluma, lecturas para el aire. Nunca he estado en la circunstancia de tener que preguntar si vendían libros de Corín Tellado. Es una experiencia nueva. Cuento con una hora y media de vuelo hasta el aeropuerto de Ranón, a media hora de Gijón, una ciudad a orillas del mar Cantábrico en el Principado de Asturias, donde vive

Corín: noventa minutos, tiempo suficiente para leer una de sus novelas. Pero en los abarrotados anaqueles del *duty free* no hay una sola. La encargada, una chica de no más de veinte años, luce confusa y enseguida me muestra un puñado de libros de Nora Roberts, una de las estrellas actuales del género romántico, que ha vendido casi trescientos millones de libros. En esa oferta tampoco falta un libro de Danielle Steel, la máxima exponente mundial del género, que ha reinado durante casi cuatrocientas semanas en la lista de *New York Times*. Por allí incluso asoma una novela de Isabel Allende, una suerte de esperanza sudamericana dentro del género. Pero de Corín Tellado no hay rastro. Como si un huracán selectivo se hubiese llevado no sólo sus libros sino también las viejas huellas de su reinado: cuatrocientos millones de ejemplares agotados, una cantidad que le valió ingresar en el *Libro Guinness de los récords* por ser la escritora en lengua española que más libros ha vendido en todo el mundo. Y aquí no hay una sola de sus novelas. Ya en el avión, y para seguir haciendo cosas que no suelo hacer, decido conversar con la persona sentada en el asiento contiguo. Es una mujer de unos cincuenta años que viste con buen gusto. Le pregunto si conoce a Corín Tellado, a quien voy a entrevistar dentro de pocas horas.

—¿La de la novelitas románticas? —dice con mal disimulado desprecio—. No sabía que viviera en Gijón.

Pues sí, vive en Gijón. Y no sólo eso. Le cuento a la señora que, según la Unesco, Corín Tellado es (o fue) el autor más leído en España después de Cervantes y de Dios, que escribió la Biblia.

—¡Qué pena! ¿No? Pero no creo que aquí, ¡habrá sido en Sudamérica! —exclama y no vuelve a dirigirme la palabra.

Encontrar hoy a una lectora de Corín Tellado puede ser tan difícil como hallar uno de sus libros en un aeropuerto internacional. El avión llega al aeropuerto de Ranón a las nueve y media de una mañana de finales de abril. El próximo autobús a Gijón partirá a las once. Dos horas: tiempo suficiente para leer otra novela de Corín. En la tienda de Ranón he vuelto a preguntar por sus libros, confiada en que en territorio asturiano, donde la escritora es muy querida, habrá al menos uno, pero nuevamente la respuesta es no. Entonces hojeo un libro de la Roberts. Fórmula infalible: intriga a lo Agatha Christie, aventura a lo Indiana Jones, turismo de revista de avión, misticismo sedentario de Paulo Coelho y un ingrediente estrella, el mismo que usa Corín para convertir, como dijo alguien, lo rosa en (billetes de color) verde: amores redentores. Aun ahora, como hace más de cuarenta años, Corín Tellado publica sus novelas breves en la revista *Vanidades*. Gracias a esas historias miles de mujeres creyeron estar conociendo el amor, los besos y las caricias en tiempos de contención y freno, mientras los literatos «de verdad» las calificaban de cursis, moralistas y alienantes. En la casa de mi abuela siempre había ejemplares de esa revista. Yo solía leer solamente los finales de las historias de Corín: la infaltable, velada y muy estirada escena de cama que culminaba una vida de desdichas. Los míos eran días felices y me dejaba enrolar fácilmente casi en cualquier causa que mi abuela propusiera: tejer, preparar ravioles, rezar el rosario y leer las fábulas de Corín. De alguna manera, mi abuela también construía alrededor de mí un mundo que ella entendía como femenino por excelencia. En el autobús que me lleva a Gijón, mientras admiro desde la ventanilla las verdes colinas de Asturias y las vacas lecheras amamantando a sus crías, pienso en todas esas cosas. Me había olvidado de ser esa clase de mujer que mi abuela y Corín querían que fuese. Mi abuela había muerto. Corín tenía cinco de tensión. Y con seis te mueres.

—Verá que hay dos ascensores. Usted suba al del fondo.

Su voz suena severa en el interfono. No dice hola. Se comenta que Corín Tellado no es precisamente una abuelita encantadora, que es seca con los periodistas y que hasta sus libros por momentos tienen un tono de sermón. Por lo pronto, me había aclarado por teléfono que me daría sólo un par de horas y que no saldría a la calle. Estoy ante la puerta entreabierta del departamento de la misma escritora a la que Mario Vargas Llosa llamó «fenómeno sociocultural». Fue en 1981 y entonces, en las librerías, sí se vendían más libros de Corín que ejemplares de la Biblia. Ahora aquel «fenómeno» está sentado en un sillón que mira hacia la puerta desde la profundidad de la estancia.

—Por lo que veo, pese a mis advertencias, se equivocó de ascensor.

—Peor, me equivoqué de planta. Me fui a la cuarta.

—Vaya por Dios.

Contengo la vergüenza y le doy un beso fuerte. No hay duda de que a Corín no le gustan los periodistas, pero sí le gustan los besos. Y los periodistas son como las putas: no dan besos. Le doy uno y el hielo se derrite. Ella dice «Hola, maja». Entonces me relajo y de inmediato mis ojos empiezan a recorrer sus cientos de novelas alineadas en una estantería.

—¿Está la colección completa?

—¡Qué va! Son sólo algunas. He escrito miles.

Parece una expresión retórica, pero en este caso es verdad. Ha escrito miles. Cuatro mil para ser exactos. Corín Tellado escribe desde los dieciséis años: las historias le brotaban como a otros el acné. Como detestaba sentarse en el entresuelo del cine, lo único que podía pagar con las cinco pesetas que le daba su madre, al volver ella le contaba una historia sin haber visto la película. Su primera novela la escribió mientras cuidaba a su padre enfermo. Por aquellos días descubrió su habilidad para escribir rápida e infinitamente, y también que de esa manera podía conseguir el dinero que su familia —ahora que el padre había muerto— tanto necesitaba. Bruguera le compró los derechos de su primer libro, *Atrevida apuesta*, y la secuestró durante veinticuatro años, durante los cuales tuvo que escribir exclusivamente para esa editorial. Cuatro títulos al mes. Cuarenta y ocho historias cada año. Su carrera empezó en la República, sobrevivió durante la Guerra Civil, atravesó la dictadura de Franco, continuó en los años de la Transición y, cuando llegó la democracia, ella todavía estaba allí. Corín Tellado —explicaban los eruditos— era el perfecto mecanismo que permitía a sus lectores evadirse de los azares de la política. Para sus detractores, sólo había sido la cortina de humo del franquismo. Y todo eso en minúsculos libros que costaban cuatro pesetas en los quioscos. Los personajes de las novelas de Corín Tellado también evolucionaron con el tiempo: chicas millonarias, extranjeras y casaderas en los años sesenta, universitarias que se prostituían para pagarse los estudios en los ochenta. Pero su estilo, que, según ella, la propia censura franquista ayudó a pulir gracias a sus constantes vetos, siempre fue más sugerente que directo. Si la censura le prohibía escribir sobre sacerdotes, ella los convertía en pastores protestantes. Ubicando sus novelas en el extranjero, Corín lograba escribir sobre abortos, divorcios y madres solteras. Y así siguió entregando una novela cada semana durante sesenta años, también fotonovelas, relatos eróticos y guiones de telenovelas que se convertían en éxitos en América Latina, ese continente imposible de imaginar sin culebrones y donde llegó a pensarse que Corín Tellado no existía o que era el seudónimo de algún listo que escribía historias románticas en sus ratos libres para forrarse de dinero. Pero no, ella existía, se llamaba María del Socorro Tellado López, Socorrín para la familia y luego simplemente Corín.

En la sala de su casa, Corín pregunta si estoy a gusto tomando agua, o si prefiero una cerveza. Me mira de forma inquisitorial desde sus gruesas bifocales y me lanza un:

—¿Tú qué quieres saber de mí?

Sí. ¿Qué quiero saber de ella? ¿Por qué estoy aquí? Los que se han acercado a Corín lo han hecho siempre con la misma curiosidad: el amor y el lujo. ¿Qué habrá hecho con tanto dinero y con tanto amor?, se han preguntado los periodistas que han conversado con ella durante todos sus exitosos años de carrera, como tratando de encontrar en su vida los mismos grandes temas de sus libros: ¿Qué misterio esconde el corazón de Corín Tellado?

–Te voy a contar lo que quieras.

Y lo está haciendo. Empieza develando un misterio: por culpa de unos riñones fatigados, el corazón de la laboriosa Corín Tellado no bombea la misma sangre durante más de dos días seguidos. Desde principios de los noventa, sufre una arteriosclerosis renal. Su estado es tan grave que incluso un trasplante sería inútil. Cada dos días debe someterse a una sesión de diálisis. Ésos son días perdidos, días que la hacen valorar más los momentos en que la sangre limpia fluye por sus venas. Además, Corín está casi ciega. Ve apenas por uno de sus ojos. Tampoco escucha bien. Así que hay que gritarle muy fuerte al oído.

–A decir verdad y para ser absolutamente sincera, estos dos días sin diálisis no me gusta dárselos a nadie. Los gozo porque salgo con amigas a alguna cafetería a charlar.

Corín Tellado no vive en la mansión que se podría imaginar digna de una autora que ha tenido tanto éxito comercial. Como la mayoría de los padres que se hacen mayores, ella vive en la casa de su hija Begoña junto con su yerno y sus tres nietos. Una de ellas también se llama Corín. Es un departamento muy grande para el promedio europeo, cómodo, algo sofisticado, como el que podría tener una familia española muy acomodada aunque no millonaria. Antes vivía sola en un departamento en el mismo edificio, pero a raíz de sus enfermedades, su hija se la llevó a vivir con ella.

–Las he pasado moradas. Yo te recibo, pero es la última vez que recibo a alguien. Que estés aquí conmigo es pura casualidad.

Tiene razón: Corín nunca contesta el teléfono, te contesta un fax. Las pocas entrevistas que concede las contesta por ese aparato o por teléfono. Temo que ésta se convierta en una entrevista geriátrica, difícil de soportar, como cuando visitas a tus abuelas y tienes que aguantar que hablen de sus males y entonces tú sólo quieres salir corriendo. Pero ya lo he dicho, mis abuelas han muerto y extraño incluso cuando hablaban de sus enfermedades, así que no me voy, aunque Corín haga todo por echarme.

—Siento fastidiar su sábado. ¿Cuándo es la próxima diálisis?

—Hasta el lunes no me toca, así que, claro, me siento estupenda.

Ahora está muy arrugada, pero en una de las fotografías que tiene en su despacho (adonde me ha llevado a conversar) debe de tener unos treinta años. Usa el pelo muy corto y fuma. Fumaba cinco paquetes al día. Posa al lado de su máquina de escribir Olympia. En la época en que se tomó esa fotografía ya debía ser una mujer separada, una escritora que cargaba a cuestas con sus dos hijos pequeños, muy adinerada. Recordemos que vendía libros como pan caliente. Pero las dificultades iban por otro lado. En la España de inicios de los sesenta era un bicho rarísimo. Una mujer moralmente progresista para su época, que se estaba haciendo famosa por escribir sobre mujeres moralmente conservadoras que al final se soltaban la melena, siempre y cuando la cosa terminara en boda. Entonces sus hijos ya iban a la escuela y la misteriosa y rica escritora empezaba a dar entrevistas, alimentaba su popularidad. Pero ahora, medio siglo después, y en casa de su hija, no estamos rodeadas de lujo precisamente.

—Perdone que se lo pregunte, ¿no tiene usted mucho dinero?

—¡Qué va!, lo tienen mis hijos. Yo les doné mi fortuna hace ya mucho tiempo.

—¿Y para usted?

—Lo que gano en *Vanidades* me basta y sobra.

—¿Y las ganancias de los libros?

—Eso lo llevan mi hijo y mi yerno. Yo no me entero. Soy una persona muy digna. Tuve mucha suerte de que las mujeres estuvieran tan postergadas, de que todo estuviera cerrado y de que se dijeran tantas mentiras con referencia al sexo, al amor, al hombre y a la mujer. Yo escribía como creía que debía ser la vida. A mí me parecía que hacer el amor era tan natural como beberse un vaso de vino. Yo hice las novelas rosa en España. Alguien tenía que hacerlas. Con haber hecho eso me basta y me sobra.

La novela romántica que hizo Corín todavía palpita. Si no lo creen, échenle un vistazo a la página web del sello español Harlequin, una de las más grandes editoriales del mundo dedicadas exclusivamente a este género: vende más de cinco libros cada segundo. En cuarenta años de vida comercial, las protagonistas de las novelas de Harlequin se han besado unas veinte mil veces, compartido alrededor de treinta mil abrazos y han terminado en el altar unas siete mil veces. Si colocáramos una sobre otra todas las novelas que esa editorial vende en un solo día, la pila sería casi seis veces más alta que el Empire State, ese rascacielos neoyorquino con más de cien pisos. Más de cincuenta millones de mujeres de todo el mundo leen los libros de Harlequin, y ésta es apenas una editorial de los cientos que se dedican al mismo negocio en el planeta. Si todas sus lectoras vivieran juntas, serían suficientes para formar un país. El país que alguna vez gobernó Corín Tellado y que ahora se disputan sus muchas sucesoras. No hay nada como espiar en la habitación de la abuela. Corín va a mostrarme la suya, y para ello atravesamos el salón de la casa. Allí cuelga un retrato suyo en gran formato. Sobre los muebles hay varios portarretratos con imágenes de ocasiones inolvidables, como aquélla en que recibe la Medalla al Trabajo de manos del príncipe de Asturias, un premio merecido para una mujer que ha dado al mundo cuatro mil novelas. También conserva una fotografía de su encuentro con Mario Vargas Llosa, en 1981, pero ella dice que no le gusta hablar demasiado de esa visita: «Sería esnob». Cruzamos la cocina. La habitación de Corín es pequeña y está al lado de un patio. Me ha prevenido bien: parece la habitación de un hospital. Allí hay una cama para una sola persona, y de la pared cuelga un collage hecho con fotos y portadas de sus novelas. Se lo ha regalado un periodista amigo. Una cómoda con un espejo. Más fotografías. En una de ellas, Corín juega al cróquet. Pero lo que más llama la atención son las dos máquinas de diálisis cubiertas con fundas de la seguridad social, a las que Corín Tellado pasa conectada dos días cada semana. Después de quince años de seguir ese tratamiento que también le impide viajar, ella puede explicar de memoria todo lo que ocurre desde la purificación del agua hasta la purificación de su propia sangre. Todo es muy ligero, cotidiano, banal, y hasta divertido cuando lo cuenta.

—Oye, eres la única persona que ha entrado a esta habitación.

—¡Qué honor!, muchas gracias. ¿Esta virgen es suya?

—¡Nooo!, me la regalaron y ahí la tengo.

—Pero, y estos elefantes y…

—Son bobadas, me los traen y yo los pongo ahí. Se supone que soy una abuela y debo tener chucherías. Ahora abre allí.

Llena de emoción abro el armario que ha señalado. Pienso en sombreros en sus cajas de cartón, en pañuelos olorosos, abanicos y joyas de fantasía. Pienso en cientos de cuadernos pintarrajeados con historias de amor, en un vestido de novia que huele tiernamente a naftalina, en una flor seca. Pero el armario es en realidad un enorme botiquín: de arriba abajo no hay más que medicinas, cajas y más cajas de medicamentos, de píldoras, de jeringuillas.

—Ya te lo decía, la enfermedad no es ninguna broma, ninguna broma.

Lo dicho: ¿Qué misterio esconde el corazón de Corín Tellado? ¿Habrá tenido un romance de novela? ¿Habrá viajado a Nueva York y conocido a algún hijo de millonario, salvaje e insolente, o acaso se conformó con el guapo heredero del rancho vecino? ¿Se habrá prendado del indecente jardinero de la familia, de su jefe o de un hombre casado, de un médico lleno de secretos, de un extraño científico, de un estudiante prostituto, de su abogado especialista en divorcios? ¿Algún primo suyo o hermano adoptado se habrá enamorado de ella? ¿Habrá sido ella misma la amante de su amigo, la hermana que buscaba un novio, la mujer traicionada, la caprichosa que juega con los hombres a su antojo? ¿Lo habrá entregado todo en una habitación de hotel o habrá amado platónicamente en silencio? ¿Se habrá hecho mujer en unas horas y despertado en el velludo pecho de su futuro marido?

–Bueno, eso fue en Viavélez, donde nací.

–¿Qué pasó?

–No te lo voy a contar.

–Cuéntamelo, por favor.

–Era una relación con uno de esos chavales ricos que dan el coñazo y que piensan que todas las mujeres son para ellos.

–Tú no tenías dinero.

–Sí, yo he tenido dinero toda la vida, porque a los dieciséis ya estaba ganando dinero. Yo tenía lo mío y no necesitaba lo de nadie.

–¿Y qué pasó con ese hombre?

–A ese chaval le gustaba salir con la chica nueva y yo acababa de llegar de Cádiz, pero ya como novelista, y una noche fuimos a un baile al aire libre. Me encontré con él y me mostré tal cual soy: una persona muy realista. A mí no me conmueves si sé que debajo de tu aparente bondad está la ira.

–¿Entonces te abriste?

–Hablé mucho y de una manera muy realista, sin esas bobadas que tenían las niñas de los pueblos. Yo era yo y siempre fui original. Le caí bárbaramente, pero cuando salíamos del Farolillo me dijo una bruja: «Oye, ten cuidado que él sólo sale con las que puede apretar». Dije: «¿Ah, sí?». Cuando volví a verlo, le di la vuelta a la cosa. Le dije que me había burlado de él. Conmigo no jugó. Él quería que dejase de escribir, que me convirtiera en una pueblerina, y no, ¡hombre!, yo me largo y me largué. Le dije: «Con el primero que encuentro me caso». Y lo hice. Me casé con… ¿Dónde está?

Busca la foto de Domingo Egusquizaga, su marido ya muerto. En la fotografía están los dos con su hija Begoña en brazos.

—¿Qué piensas cuando lo ves?

—Nada. Me separé queriéndolo. Entiéndeme. Pero ya no podía vivir con él. Soy una persona muy pacífica y él reñía por todo. Me tenía celos, no soportaba mi éxito profesional, que ganara dinero.

—¿Es verdad que te casaste de negro?

—Sí. Él ni se dio cuenta. ¡Qué sabía él! Vasco tenía que ser. Yo creo que nadie me conoce bien todavía. Yo creo que hay otra Corín Tellado. ¿Tú leíste novelas mías?

—Algunas…

—¿Y no consideras que hay algo ahí, algo en los personajes, en su forma de hablar, en esa sensibilidad, en la forma en que yo digo y no digo? Hay algo…

—¿Enigmático?

—Sí, mi personalidad es así.

—¿Cuál es ese misterio?

—No es misterio. Es mi naturaleza. Yo qué sé, yo escribo, soy novelista. Tengo ochenta y un años y todavía escribo y escribo con ansiedad. Hago esquemas cada semana y, cuando voy a escribir, la novela ya casi está hecha.

La historia de amor de la gran escritora de novela rosa es un sonoro fracaso. Se ha dicho que Corín Tellado escribe justamente de lo que no tiene la menor idea. Aunque ella se sienta una escritora realista, probablemente sea la máxima representante del subgénero del fantástico amoroso, esa visión artificial, exacerbada, bolerística, estándar de los sentimientos, donde la virtud y el bien siempre triunfan sobre el mal. Pero hay amores menos ingratos que el de un hombre, y el gran amor de Corín Tellado es la literatura, pese a quien le pese, su literatura. Y lo que menos les importa a los auténticos amantes es el qué dirán.

Corín Tellado todavía escribe y ésta es una noticia que merece verificarse. Así que vamos a buscar esos benditos esquemas donde ella planifica cada una de sus historias. Quiero verlos.

Volvemos a su habitación. Dice que espera que yo sea una buena chica y advierte una vez más la primicia: nadie ha visto estos esquemas antes. Y ahí están. Son unas hojas desordenadas en una carpeta, manuscritas a lapicero. A partir de estos esquemas, Corín crea un argumento y una trama inédita que cada martes dicta a su nuera María José, quien las transcribe, corrige y envía a la revista *Vanidades*.

—Mira lo que hago mientras dicto mis novelas. Son unas florecitas dibujadas sobre los esquemas. Apenas puedo leer los títulos.

Su letra es muy mala, son garabatos, palimpsestos, escritura sobre escritura, las frases van en caída libre, es la escritura de una persona casi totalmente ciega que escribe sobre sus propias palabras.

—Ésta es la de la semana que viene. Me parece que va a gustar.

El título que le ha puesto es curioso, como todos sus títulos: *Anita y el problema*.

Le pregunto de qué trata.

—No sé explicarlo. No se puede explicar así.

Leo la sinopsis garabateada en uno de los esquemas: Ana, treinta y tres años, hija de un diplomático muerto. Nada más.

—Lo mejor es que voy pensando durante la semana y cambia. Ahora ya no es hija de un diplomático, sino de un ingeniero, y recorre con el padre muchos países, domina cuatro idiomas. Cuando el padre muere, ella viene a España y se pone a trabajar con un no sé qué todavía, se enreda con él y él le dice que se va a divorciar. Pero pasa el tiempo y él no se divorcia. Un día ella lo ve salir de la casa, con tres hijos, el coche, la mujer. Jacarandoso y tal. Y ella se marcha y va a dar a una casa donde hay un señor viudo que tiene una hija y ahí hay un problema: que ella tiene un pasado, cuando tenía dieciocho años, y le da pena tener ese pasado. Pero este señor, al principio ni caso, con tal de que cuide a su hija. Pero se enamora de ella, y cuando van a casarse, viene el otro y dice «Ya me divorcié y...». Ella le dice «Vete al cuerno». Pero es chocante lo que hago. Me choca a mí, fíjate. ¿Qué querrá decir psicológicamente esto? ¿Nos marchamos?

Una amiga de Corín ha quedado en recogernos para ir de copas a un bar cercano. Antes pasamos por una de las habitaciones de las nietas, hay un gato Silvestre sobre la cama. En realidad, dice Corín, ella no duerme en la habitación de la diálisis, sino aquí mismo, con las nietas. Así las cuida.

—Corín, ¿por qué siempre finales felices?

—Si no haces finales felices te las rechazan. En este tipo de libros hay que ir con el lector.

—¿Nunca has querido escribir otro tipo de libros? ¿Por qué siempre tener éxito? ¿Por qué no fracasar de vez en cuando? ¿Por qué no escribir historias que acaben mal? ¿Por qué siempre has querido ser…?

—¿Amable? No sé, no se me ocurrió y cuando se me ocurrió ya estaba enferma.

Pican al timbre.

Somos como las chicas de la serie *Sex and the City*, sólo que dos de nosotras ya han dejado hace mucho los treinta. Somos mujeres solas y de copas, nos brillan las cabelleras bajo el sol. Caminamos por la ciudad, frente al puerto de Gijón. Hablamos de amor y de hombres y de pañuelos primaverales en uno de los bares del barrio, bebemos vino de Rioja en unas copas gigantes. La amiga de Corín se llama María Antonia Escandón y es desde hace años su fiel compañera de paseos.

—¿Nunca te volviste a enamorar? —le pregunto a Corín.

—No, no. De mí decían que era rica y joven y no era fea. Podría haberme echado un amante si hubiera querido, pero nunca lo hice, por mis hijos. Eran otros tiempos. Tuve cosas, pero pasé de ellas.

—¿Y aquel abogado que te tiraba los tejos? —María Antonia le recuerda a un antiguo pretendiente.

—Le dije: «Oiga, al hombre lo elijo yo».

—Corín siempre vivió centrada en el trabajo y viendo por

sus hijos —dice María Antonia—. Iba a Madrid con billete de ida y vuelta, en lugar de quedarse. Los editores la invitaban a todos lados. Pudo hacer mucho más de lo que hizo.

—¿Sólo se dedicaba al trabajo?

—Y se olvidó de vivir. Una persona que escribió sobre el amor, pero se olvidó de amar.

—Lo olvidé en el banco de la estación. Y hubiera sido una gran amante porque a mí me gustan los hombres un rato largo [risas].

—Lo que pasa es que no acertó con la pareja y cuando no aciertas…

—¿Tomamos otra? —propone Corín.

—Yo estuve con un hombre que me llevaba veinte años. Era el típico tutor de las novelas de Corín Tellado. Ella siempre ponía en las novelas a un tutor y siempre era un hombre superinteresante, con clase, guapísimo y con las patillas plateadas. Ése era mi marido, el hombre que ella describía. Yo me casé con el tutor de las novelas de Corín Tellado.

—No me digas que te casaste pensando en mí.

—Yo no lo busqué, sólo apareció. ¿Y tú? ¿Tienes pareja? —me pregunta María Antonia.

—Sí.

—¿Convivientes?

—No, nos casamos.

—Mejor.

—Agárralo —dice Corín—. La vida sola, te lo digo yo, es difícil.

—Ella debería haber tenido una casa en Miami como tienen los famosos.

—¿Y qué pasó?

—Llevo quince años enferma.

—Pero ¿antes, Corín?

—Bueno…

—Nunca quisiste viajar, Corín.

—No.

—Te salió todo de la cabeza; experiencias, pocas. Pudiste haber pasado la vida viajando, invitada.

–Pero no me gusta, María Antonia.

–Vivió para los hijos.

–Así que ésta es una historia de amor filial.

Toca hablar de temas polémicos, por ejemplo de la telenovela *Cristal*, de Delia Fiallo («Es una mierda», exclama). De *Betty la fea* («Mejor ni hablar»), de madame Bovary («Era una fulana»). Sus escritores favoritos: Verne y Dumas. Su novela predilecta de Vargas Llosa es «la primera». Y García Márquez: «Ése nunca me convenció». Cuando le menciono a los «negros literarios», esos escritores en las sombras que son los verdaderos autores de los libros que otros firman, gruñe: «Ésa era Colette, nunca escribió una línea». Por lo prolífica, a Corín Tellado se la acusó durante muchos años de usar negros. Un periodista gracioso tituló una entrevista a Corín así: «Nunca dejaría que mi hija se casara con un negro». Todavía hay quien piensa que ella no es una persona, que se trata de una fábrica con asalariados y horarios de trabajo.

–¡Qué bobada! ¿No ves las máquinas de escribir que gasté?

–¿Jamás?

–Te lo juro por mi salud y por mis hijos.

–Pero, dime, de las cuatro mil novelas, ¿es posible que tú no escribieras alguna?

–Sólo una vez. Pero no era un negro, era mi secretaria, que en esa época transcribía mis novelas.

–¿Por qué la dejaste hacerlo?

–Lo hice para ayudarla. Me daba pena su situación. Se había casado con un vago y tuvo un montón de hijos. Me pidió escribirla y cobró unas veinticinco mil pesetas por ella.

–¿Y nadie notó la diferencia?

–No, llevaba tiempo copiando a Corín. Conocía mis expresiones.

–¿Y cómo se llama esa novela?

–No me acuerdo. Creo que era una que lleva la palabra «escándalo» en el título.

—¿Y cómo resultó todo?

—Tardó siglos en escribirla y, cuando la leí, me pareció bien, así que la publiqué. Pero acabamos mal: me enteré de que su marido a veces pasaba en limpio mis novelas y que adrede dejaba de copiar párrafos enteros, por flojera. Así que se lo reproché y no volví a verla.

Años después de este incidente, Corín contrató a María José Seisdedos o Caco, su nuera, la esposa de su hijo Domingo, con la que ya lleva quince años trabajando. Nunca antes había hablado con los periodistas. Es la mujer en la sombra. Cada martes, Corín va a casa de Caco llevando bajo el brazo la carpeta con los esquemas, los garabatos y las florecitas. También una lupa. Se sienta en un sillón y empieza a hablar, por ejemplo, de Gustavo. Como si estuviera recitando un monólogo teatral, le dicta a María José la novela de esa semana y así continúa la sesión durante un par de horas. Caco conoce el ritmo y las palabras de Corín a la perfección: su tarea es transcribirlas en el ordenador. A continuación, hace una lectura general, corrige y actualiza algunas palabras ya pasadas de moda que se le escapan a Corín. Luego, Caco envía las novelas a *Vanidades* y se encarga del trato con los editores.

—¿Y alguna vez has escrito o cambiado una de sus novelas? —le pregunto a Caco por teléfono.

—Lo que escribo es prácticamente literal. Ella se moriría si no hiciera eso. La editorial Edimundo le cambiaba sus novelas y ella se enfadaba mucho y por eso los dejó. Ella detecta perfectamente cuando algo es muy «mío».

María José, Caco, que estudió letras pero es técnica en turismo, me cuenta que para Corín es cada vez más difícil ir a su casa a dictarle novelas debido a sus problemas de salud, pero está segura de que su suegra necesita hacerlo. La escritura —me dice— es una droga para ella. Le digo que Corín muchas veces pierde el hilo de la conversación. ¿Cómo puede mantener la coherencia de una narración más larga? Ella tampoco lo sabe, le parece misterioso y hasta cree que es debido a la genialidad que su suegra se acuerde de tantas cosas, de los datos, de los destinos de sus personajes, pero así es.

Cuando buscaba conversar con algún agente de Corín Tellado apareció alguien mucho más importante dentro de la historia editorial de la autora: su hijo Domingo Tellado Egusquizaga. Hace bastante tiempo, él y su hermana Begoña decidieron invertir sus apellidos para conservar y perpetuar el de su madre. Los hermanos y sus respectivas parejas forman parte de una sociedad creada en torno a la obra de Corín Tellado para «buscarle oportunidades de negocio». Lo dice él y añade que «no lo hacen por amor al arte». Domingo Tellado es abogado y su cuñado, economista. Juntos se pasean por las ferias de España y América Latina ofreciendo los derechos de las telenovelas y los libros. Según sus propias palabras, su labor consiste en captar negocios, lo que quiere decir que envían correos electrónicos, fichan productores, negocian condiciones y luego firman los contratos. En cuanto a los culebrones, ahora están posicionados en México con unos contratos estupendos con la cadena Televisa, y en Puerto Rico. También intentan llevar las novelas a Estados Unidos. La primera batalla comercial de los Tellado fue con la editorial Bruguera, con la que tuvieron un pleito por la exclusividad de la autora a principios de los años ochenta. Entonces las novelitas de Corín fueron a parar a la editorial catalana Rollán, luego a Edimundo. Desde fines de los noventa, me explicó Domingo por teléfono, su madre ha estado en grandes editoriales como Planeta o Random House. Ahora mismo tiene tratos con ambas y las opciones de compra de cada novela son muy buenas. Pero el «sector editorial» no es el rubro principal de la empresa. Allí es muy difícil controlarlo todo, así que sólo pide un buen anticipo y se olvida. Por ahora, los dos hombres de la familia, el hijo y el yerno de Corín, están desarrollando un proyecto para publicar diversas colecciones de las mejores novelas de amor. Pese a la mala experiencia con la telenovela

Ambiciones (tuvo poca audiencia y fue retirada a los cincuenta capítulos), y aunque su madre «sólo piensa en el papel», Domingo Tellado cree que la televisión mundial recién empieza, que sólo han explotado el diez por ciento de sus posibilidades, que el mercado de China está virgen, que esto dará dinero, etcétera.

—A tu madre le pregunté si era rica y ella me contestó que los ricos eran ustedes.

—Eso es verdad. Mi madre invirtió en bienes y nos los donó en vida. Pero lo más importante son los derechos de sus obras. Piensa: mi madre tiene cuatro mil novelas.

Sin embargo, Domingo dice que su trabajo principal no es la industria Corín Tellado. Trabaja hace catorce años en una gran empresa de seguros.

—Pero lo de mi madre me gusta, me entretiene y además me da dinero.

Aunque Corín ya no vende como antes.

—Hay una crisis brutal en el mundo del libro, el mercado cambia. No es para hacerse ricos, es un goteo importante, pero a mi madre le gusta estar en quioscos y librerías.

Algo más le preocupa a Domingo Tellado.

—Antes estaban Agatha Christie y mi madre trabajando como locas. Pero ya no hay autores, hay productos. Ahora se hacen novelas entre cuatro personas que están en la planilla de una editorial. ¿Quiénes crees que son Julia, Jazmín o Bianca?

—¿Quiénes son?

—En realidad son cinco tíos escribiendo tramas que no tienen nada que ver entre ellas. Luego lo meten todo en un programa informático y sale todo gratis. Tienen una distribución de puta madre, ¿para qué van a gastar dinero en los derechos de autor de Corín Tellado?

—¿Y ya has pensado en hacer deuvedés coleccionables?

—Estoy proyectando lo del fonolibro y haría camisetas y colonias, si fuera necesario —dice el hijo de Corín Tellado lleno de entusiasmo—. Se me ocurren muchas líneas de negocio.

—Me dijo tu mamá que la enternece verte cuando te acercas a su cama.

—A veces no exteriorizo mis sentimientos, pero si no contesto sus llamadas a mi móvil se molesta conmigo.

Dicen que el vino ayuda a contar secretos. Llevamos ya un par de horas en el bar y le he vuelto a preguntar a Corín Tellado por ese misterioso hombre del que nadie, ni sus biógrafos saben nada. Llegaron a decir que era un marinero, pero ella lo desmiente. Lo único cierto es que fue el único del que se enamoró. Aún vive y está casado. Corín no quiere decir su nombre, pues aún mantiene una relación de amistad con él y su familia.

—Lo que no conté, nunca lo contaré. Seguro que te lo inventarás. Pero si lo inventas que sea liviano.

—No lo haré.

—Tuve un amor, durante cinco años, pero me casé con otro, jodida, bien jodida. A ese amor lo llamaba Valiente. Y punto.

—Eres una romántica, Corín.

—¡Qué va! Yo te hago sentir pero nunca siento.

Su amiga María Antonia le recuerda que hoy será la confirmación de sus nietas y que debe volver a casa, pues sus suegros la esperan para comer.

—Tú vuelves a buscarme a las siete de la noche, ¿vale? —me dice.

Son apenas las cuatro de la tarde. Tres horas: es suficiente para leer dos novelas de Corín Tellado. No sé qué hacer con tanto tiempo libre. Paseo por el puerto y me tomo fotografías al lado del Cantábrico. Como algo en un McDonald's. Se me ocurre comprar *Vanidades* en un quiosco, pero resulta que la revista donde publica Corín Tellado no se vende en España. Vuelvo a obsesionarme con encontrar una novela suya para el viaje de regreso, pero en Gijón las librerías no están en cada esquina. De hecho, hoy es sábado y sólo está abierta una, La Casa del Libro, justo frente al edificio donde vive Corín. Para mi mala fortuna sólo tienen una de sus novelas, y ni siquiera es de amor. Es la historia de unos chicos adictos a las drogas que se van al campo para rehabilitarse, un tema extrañísimo para Corín Tellado (y para cualquiera), y eso explica que el libro permaneciera inédito durante tanto tiempo.

—Pero cómo es posible que no tengan más libros de Corín Tellado —le digo a la vendedora—. Si es su vecina y es hija predilecta de Asturias.

—Nosotros no vendemos libros bajo esos criterios —responde bien respondido.

Ok. Me vuelvo y, decidida a comprar una novela sentimental, me llevo *El amor en los tiempos del cólera* en edición de bolsillo. Podría ser una buena idea regalársela a Corín. Así que escribo una dedicatoria: «Ya sé que no te gusta Gabo, pero no importa. Espero que alguien quiera leértela. Tiene un final feliz que tarda pero llega. Y deseo lo mismo para ti». Vuelvo a casa de Corín y llego antes de la hora. Está sentada viendo, o más bien escuchando, la televisión al lado de su consuegra, una mujer calladita que no deja de tejer mientras le hago unas fotografías a Corín. Le entrego el libro de García Márquez y a cambio recibo finalmente una de sus esquivas novelas: Corín me regala una de tapa rosa, titulada, muy a su estilo, *El amigo de mamá*. Coge el boli que lleva siempre en el bolsillo al lado del corazón y que le ha manchado la blusa de tinta, y escribe una dedicatoria con la misma letra de sus esquemas y con las mismas florecitas.

—Psicológicamente, ¿qué crees que quieren decir las florecitas? —me pregunta.

—¿Un alma infantil?

—Pues yo estaba dictando cosas bastante duritas cuando las dibujé, sobre todo sexuales.

—Entonces es para limpiar tu conciencia.

—Me intriga.

Pero yo no pienso en las florecitas, sino en los protagonistas de la novela de García Márquez, y en Corín y su secreto y platónico romance. Entonces me escucho decir una frase que ella debe de haber usado en alguna de sus miles de historias: «Siempre hay tiempo para el amor» (o algo así).

—Que nadie me diga que el amor no tiene edad. Sí que la tiene.

—A ver si te vuelves a enamorar, Corín.

Lanza un sonoro «ja».

—¿Yo? Lo que me faltaba. Niña, la muerte no tiene vuelta de hoja.

Antes de despedirnos, Corín me ofrece unas pastillas para dormir durante el viaje, pero las rechazo. En una hora y media estaré en Barcelona, y ese tiempo bastará para leer la novelita que me ha regalado. Pero resulta que no es suficiente: continúo la lectura en el tren que me lleva a casa. De pronto, las miradas de los demás pasajeros se clavan en mí y creo que me avergüenzo de que me vean leyéndola. Noto que me estoy ruborizando. En los sesenta años que Corín Tellado lleva escribiendo novelas de amor nada ha cambiado: aunque hayan cambiado las razones, sigue siendo mejor leer sus libros a escondidas.

ISABEL ALLENDE SEGUIRÁ ESCRIBIENDO
DESDE EL MÁS ALLÁ

La tarde del 24 de septiembre de 2012 moría Isabel Allende, y esas señoras que creen haberla conocido de toda la vida, como si cada línea salida de su pluma hubiera sido escrita pensando en ellas, encendieron velas aromáticas en los altares de sus habitaciones y rodearon de piedras energéticas sus ejemplares de *Eva Luna*. Mi madre, sin ir muy lejos. Miles de personas conectadas a esa hora a internet lamentaron públicamente la noticia. Y el mundo de las letras se preparó para rendirle su hipotético (y condescendiente) homenaje: «Era dueña de una vocación inquebrantable que la llevó a vender millones de libros». O «Más que una escritora fue un fenómeno cultural». Pero Allende sólo había muerto en Twitter, como hoy mueren tantos antes de morirse. Unos minutos después revivió en el mismo lugar donde había fallecido. «Estoy muerta, pero de risa», escribió en su cuenta en la red.

¿Cuál habría sido el legado de Allende si hubiera muerto esa tarde de septiembre? Un hijo, un esposo, tres nietos, una perra, un puñado de bestsellers y la opinión, más o menos generalizada entre críticos literarios, de que la escritora más leída en lengua castellana es una mala escritora. Debe ser divertido eso de tener *haters* de la talla de Bolaño o Poniatowska. Isabel Allende ha cumplido setenta años. Su muerte, por tanto, ha comenzado a ser algo verosímil, incluso para ella, aunque, como en algunos de sus libros poblados de fantasmas, la autora de *La casa de los espíritus* no vea la muerte como un final.

—Yo vivo siempre con la idea de que lo que estoy experimentando es solamente una partícula de la realidad —me dijo la mañana en que la conocí en México—. Hay miles de dimensiones a las que no tenemos acceso.

Isabel Allende cree que todo es posible.

Cuando aparece en el aeropuerto de Ciudad de México, hay una cosa que no puedes dejar de pensar por más que la parte profesional de tu cerebro lo intente: Isabel Allende es más pequeña, mucho más pequeña de lo que imaginabas. Viste de negro, lleva tacones superlativos, largos aretes, collares dorados y un bolso que colgado de su brazo se ve desmesuradamente grande. Es muy coqueta. Su pasión por los accesorios es evidente: le encantan los pañuelos para el cuello, las túnicas de la India, las joyas. Luego me enteraría de que ella misma hace anillos, pulseras y cadenitas para sus amigos. Esperar a una celebridad literaria te parte en dos. La parte más profesional de tu cerebro se alinea instintivamente con la crítica, con la literatura consagrada. El resto de ti quiere entregarse al *show business*. Son muy pocos los escritores que logran ser celebridades. Es un hecho que nadie que quiera ser famoso debería siquiera considerar la opción de escribir libros. Pero ella lo es, ni más ni menos que Stephen King, García Márquez o J. K. Rowling. Ver a Allende en persona es como sentarse a ver una peli con una bolsa de *popcorn* en la mano: hay entretenimiento para rato. Nos han invitado al congreso *La experiencia intelectual de las mujeres en el siglo XXI*. Mañana por la noche es su intervención. Debe llegar media hora antes de su charla magistral para que puedan maquillarla.

—Ah, no, a mí nadie me maquilla —dice inflexible—, que luego me dejan tan pintada como una puerta.

La segunda cosa que no puedes dejar de pensar cuando conoces a Isabel Allende es que se comporta como si el mundo fuera un escenario sobre el cual ella, montada sobre sus empinados tacones, coloca un banquito para verse aún más alta y hacernos reír. La manera como te hace reír es, por lo general, riéndose de sí misma. En el lapso de unos minutos es capaz de declarar en público cosas como «Todavía puedo seducir a mi marido siempre que se haya bebido tres vinos», «Tuve un sueño erótico en el que Antonio Banderas estaba desnudo sobre una tortilla y cubierto de chile y guacamole», «Me casé con un pene» o, como me diría durante su ruta al hotel, «Afortunadamente tengo marido porque si no tendría que poner anuncios en la web del tipo: abuela latina, setenta años, bajita, busca compañero. ¡Qué horror! ¡No contestaría nadie!». Y advierte de que no responderá ninguna pregunta hasta mañana.

Desde el auto que ha partido del aeropuerto, Allende mira los suburbios chilangos y se acuerda de lo que hizo la última vez que estuvo en México. Yo miro su perfil contra la ventana y pienso en la posteridad. Para una persona que, como yo, tiene más miedo de la desaparición que de la muerte, estar a su lado es como estar al lado de un inmortal o por lo menos de alguien que no desaparecerá tras una insignificancia como la muerte. También pienso en mi mamá y en lo que debió pensar cuando circuló el bulo de que Allende había muerto. Y no quiero admitirlo, pero es probable que incluso piense que Isabel Allende de alguna forma es mi mamá por lo que tiene de personaje entrañable en el que preferiría no convertirme. Tal vez sea el efecto pañuelos en el cuello, aretes largos y aura chamánica. O que no quiero ser una señora, aunque irremediablemente eso es lo que soy o seré. Allende ha llegado a México acompañada por una mujer alta, muy delgada, pálida y discreta. Es Lori Barra, directora ejecutiva de la Isabel Allende Foundation, la mujer de Nicolás Frías, su único hijo, una especie de álter ego americano a quien le va contando en inglés todo lo que nos sucede.

Los libros no son para la gente lo que los críticos literarios dicen que son. Supongo que no soy la única que leyó a Allende por culpa de su madre. Vi los libros en su mesa de noche y no me los prestó, me los robé (el único que no pude leer fue *Paula* porque mamá me lo prohibió, aunque la vi leer, mientras ríos de lágrimas cubrían su rostro, la historia de una madre a la que se le muere una hija). En cambio, a García Márquez me lo dio a leer mi papá para que apreciara la gran literatura. Ninguna de estas dos corrientes de pensamiento anuló a la otra. Siempre entendí muy bien lo que representaba cada cosa, y en esos distintos espacios de la imaginación y la afectividad han estado alojadas todo este tiempo. ¿Cómo no relacionar mis lecturas con las experiencias que vivía en esos momentos? Por supuesto, cuando entré a la Facultad de Literatura yo también dije «Isabel Allende es subliteratura», y así me sentí más inteligente. Divagar al lado de ella mientras su auto llega al hotel hace que crezca una tensión dentro de mí. ¿Cómo romper el hielo cuando me ha pedido que me calle? Mientras superamos lentamente el tráfico del D.F., la parte profesional de mi cerebro escucha cómo le pregunto:

—¿Cuánto mides?

—Un metro cincuenta —contesta—. Ahora todo el mundo está mucho más alto. Pero cuando yo era joven la gente era más chica.

Y acto seguido la Isabel Allende *performer*, monologuista, *showgirl*, agrega: «El único lugar donde me siento bien es Tailandia porque en Estados Unidos, donde vivo, todo el mundo es enorme. Mis nietos son altísimos». Lo dice con su acento chileno intacto y esa música aguda de ciertas palabras que ordena una tras otra con la misma velocidad incontenible de su prosa dicharachera. «Tenemos los mismos genes, pero no sé, debe ser la comida. Si estoy en un cóctel, lo único que veo son los pelos de las narices de la gente porque estoy muy abajo, y me caen encima todos los camarones que a la gente se le escapan de los platos. Es muy difícil ser baja en esta época». Ahora me habla y me pregunta ella. No tiene un pelo de tonta: la mejor forma de callar a un preguntón es interrogándolo. Me pregunta si tengo hijos. Yo por sus nietos. Me pide que le enseñe una foto de mi hija en el teléfono. Cosas que hacen las señoras mientras van en un carro. «¡Qué preciosa!», dice. Pero ella no me enseña nada.

Isabel Allende es a la literatura en español lo que Shakira al pop latino: ambas tienen algunos *hits* divertidos y pegajosos, con algún mensaje más o menos dogmático, y tienen fans que llenan estadios. El pop, esa expresión de lo efímero, hace paradójicamente imperecedera a Allende. Le han sucedido desgracias, pero ella da la impresión de tomarse muy en serio su misión de entretener. Parece vivir en la impunidad que sólo pueden permitirse los que, sea como fuere, nacieron con el don de divertir a muchísima gente. Porque Allende no sólo forma parte de la gran industria del entretenimiento, sino que también vive en consecuencia. Cuando alguien se acerca a su mansión de California, donde escribe con vistas espectaculares a la Bahía de San Francisco, y le pregunta a qué piensa dedicarse en sus últimos años de vida, ella siempre responde lo mismo: «Continuaré haciendo libros». No es descabellado pensar que, cuando muera, Isabel Allende seguirá escribiendo en el más allá.

Allende es un blanco fácil para los canonizadores de la novela. Es posible que no muchos críticos de la autora estén dispuestos a admitir que la virulencia de sus embestidas contra ella se basan en prejuicios: la suya es la biografía de una mujer de origen burgués que escribe una columna feminista en una revista de moda allá por 1970 y, sin formación académica y con una limitada cultura literaria, empieza a publicar novelas a los cuarenta años, hace de lo autobiográfico su marca y sus obras se agotan en los supermercados. En un mundo donde las cosas más idiotas suelen ser las más populares, cincuenta millones de ejemplares vendidos sólo pueden disparar la sospecha.

Pero ponte en su lugar: haz el intento de apellidarte Allende en Chile, exíliate, divórciate, cría a tus hijos, vive una doble vida, dedícate al periodismo y a escribir novelas, sé parte de esa generación de mujeres latinoamericanas que hizo todo esto a la vez y triunfa bajo la todavía alargada sombra del Boom, un movimiento donde no había una sola mujer escritora de verdad, donde sólo había esposas amantísimas que lo hacían todo y todo lo hacían bien para que sus esposos pudieran terminar sus libros y ganar algún día el Premio Nobel. Anímate a escribir en el extremo sur del continente sobre emociones y sexo en lugar de sobre túneles y laberintos. Y entonces postúlate para la eternidad.

Ahora haz el intento de sostener una carrera literaria durante tres décadas con semejante productividad e idéntico éxito. Inténtalo, además, con algunas novelas que estén bien hechas. Porque las de Isabel Allende lo están: allí hay una voz y una imaginación que se nutren de experiencias nada librescas. Isabel Allende arma su relato en torno a la simplicidad y a veces sucumbe a la lágrima fácil, al encaje y a la blonda, en cambio su expresión se apoya en la riqueza de los relatos familiares, en la comedia y el drama cotidianos, y en el conocimiento de un lado del universo femenino, con intención a veces humorística y desmitificadora como ocurre en *La casa de los espíritus*. Otras veces, como en *Eva Luna* o *El plan infinito*, lo coloquial y el ingenio de su prosa la hacen más cercana y confesional. En sus libros, la historia ha sido relevada por la memoria, y por fin parece que el sexo es parte del hogar y no sólo el reino de las poetas del cuerpo. En *Paula*, la crónica de las semanas que esperó que su hija despertara del coma, quizá el mejor de sus libros, describe el sufrimiento de un marido en presencia del cuerpo amado pero irrecuperable de su hija. En Isabel Allende la conciencia de lo humano llega a unas cotas a las que su propio lenguaje no llega. El resultado de su aventura ya lo conocemos: pocos como ella han creado una relación tan sólida con sus millones de lectores, una relación basada en algo misterioso y adictivo que ellos encuentran en sus páginas y que el mercado se ha encargado de convertir en necesario año tras año, algo que burla cualquier lógica que no sea la que gobierna ese estrecho e indestructible lazo. Isabel Allende no es Virginia Woolf, no es Clarice Lispector, no es Alice Munro, y, sin embargo, tampoco es una bestseller al estilo Dan Brown –y su simplona visión esotérica del policial–, a quien no le caen ni la mitad de los dardos que recibe ella. Pero Dan Brown ya casi no existe. Isabel Allende, en cambio, pasará a la historia, aunque no sea eterna.

¿Cuál es la fecha de caducidad de un escritor popular tras la publicación de su último *hit*? En este congreso-sólo-para-mujeres he vuelto a escuchar nombres que llevaba años sin oír: los de las mexicanas Laura Esquivel y Ángeles Mastretta, por ejemplo. Y lo primero que he pensado ha sido «¿Siguen vivas?». Ayer vi andar a la autora de verdaderas bombas comerciales como *Arráncame la vida* y *Mal de amores* (con la que Mastretta además ganó el Rómulo Gallegos) por los pasillos del Palacio de Bellas Artes con su rostro de pómulos pronunciados, su cuidado peinado de peluquería y sus movimientos frágiles, y fue como volver a los ochenta. En la Wikipedia uno se entera de que ha seguido publicando libros. En las últimas dos décadas del siglo xx, los nombres de las tres sonaron dentro de lo que se etiquetó como «literatura femenina» –una suerte de derivación de la literatura de verdad con tendencia a la escalada cursi y al regodeo lacrimógeno–, de la que Allende sería la máxima exponente. Tras esos años dorados, al parecer, la tendencia murió de éxito y sólo ella ha seguido en los primeros puestos de venta. Después del éxito de *Como agua para chocolate*, Esquivel se refugió en un palacete a las afueras del D. F., se lanzó para diputada y ahora da talleres y publica libros del tipo *12 pasos para ser feliz*. Años después de esa descomunal ingesta de cacao, Allende también hizo su propio libro sobre sexo y cocina: *Afrodita*, un recetario para encontrar al amante ideal o, lo que es lo mismo, un libro de esos que decreta instantáneamente tu destierro de la literatura en mayúsculas.

Al día siguiente de su llegada a Ciudad de México, Isabel Allende ya está esperándome, perfectamente maquillada, como ayer cuando se bajó de un avión. En minutos estamos tan cómodas en la salita con wifi y desayuno americano de frutas frescas, charlando sobre las razones por las cuales las mujeres se identifican tanto con sus historias y con esa visión optimista del mundo donde las relaciones y emociones de los personajes son lo más importante. Cuando le saco el tema de sus odiadores profesionales, ella está repitiendo lo que ya le hemos oído decir tantas veces acerca de cómo el adjetivo «femenino» acaba por rebajar la producción literaria de las mujeres, que llevan años luchando contra la segregación. Sobre todo me intriga saber qué siente al ser juzgada no por un crítico, que es algo fácil de soportar, sino por otro escritor o escritora, más aún si estos autores gozan de prestigio.

—Sobrellevo la mala crítica como sobrellevo el éxito —me dice en un tono que de rutinario y displicente empieza a tornarse enérgico y orgulloso—. Y me doy cuenta de que, curiosamente, Elena Poniatowska no opina sobre otros escritores. ¿Por qué opina sobre mí? Porque vendo libros.

Los ejecutivos que se reúnen en este hotel podrían confundir el nombre de Poniatowska con el de una tenista rusa.

—Opinar sobre mí la hace a ella más visible —contraataca Allende—. Nadie le preguntaría a Poniatowska qué opina de mis libros si no fuera porque se están vendiendo. ¿Bolaño? Nunca habló bien de nadie. Era un muy buen escritor y una persona odiosa.

Bolaño la llamó «escribidora», para ser exactos. Burlarse de Isabel Allende no es un signo de inteligencia, sino parte del folclor literario latinoamericano.

—Hay gente que dice que soy un genio, ¿me lo voy a creer? Yo tengo un trabajo que hacer. Hasta ahí llega mi responsabilidad.

En este instante de la conversación, Isabel Allende se pone seria. Pero tampoco demasiado.

Es verdad: Isabel Allende no acepta que nadie la maquille. Lo dijo ayer en el aeropuerto y se me quedó grabado como la prueba de algo. Pero este detalle de rebeldía dice menos de su compromiso contra la esclavitud de la belleza, curtido en el feminismo, y más de su vanidad femenina: Allende se maquilla sola *porque así luce mejor*. La veo darse unos retoques frente a un espejito. Dentro de unas horas dará su charla magistral en el Palacio de Bellas Artes ante cientos de personas, entre las que estarán el presidente de México y su esposa. En media hora saldrá al aire en una entrevista especial para un noticiero en esta misma sala, y por eso se empolva la nariz. Está vestida con una blusa naranja, falda y un suéter negro abierto. Se prepara. Le digo —sinceramente— que luce genial.

—¡A pesar de la edad me veo muy bien y cuesta una fortuna! Pero no soy una esclava de la moda —deslinda—. Me irrita la estupidez de que haya mujeres que crean que les va a cambiar la vida porque se cambian de color de pelo.

Lleva el cabello teñido de castaño rojizo y le da unos golpecitos a las puntas para crear unas leves ondas. Las acomoda sobre sus orejas. Hoy, por cierto, se celebra el Día de la Mujer, y estar con Isabel Allende es una forma lógica de celebrarlo. Su fundación, sus proyectos solidarios y reivindicativos en favor de las mujeres, la tienen ocupada en conferencias la mitad del año.

—Teniendo tanto poder y recursos —remata—, en vez de ayudar a mejorar las condiciones de las mujeres, las aplastan con condicionamientos estéticos.

Allende lo dice convencida. Pero esa convicción no impidió que hace unos años se hiciera la cirugía. Se estiró el rostro y eliminó algunas arrugas.

—Sí, ¿y qué les importa? Claro que me hice la cirugía plástica. Y si no le hubiera jurado a mi hijo que no me la iba a hacer de nuevo, lo habría hecho otra vez.

Isabel Allende habla de su único y mimado hijo como si hablara de un marido celoso y controlador.

—A mi hijo no le gusta ni que me maquille —dice—. Pero hasta ahí dejo que llegue su influencia.

La novelista es, después de todo, una mujer clásica a la que criaron como a una señorita, pero que trabajó para liberarse a través de la literatura. Ahora siente la premura de justificar a su hijo y su aversión al maquillaje.

—No le gusta que uno se someta a ese punto de vanidad. Mi nuera no usa maquillaje, mira lo linda que es —dice señalando un lugar en la sala—. Va a la peluquería sólo dos veces al año. Ése es mi hijo: le gusta sencilla y natural. Yo le digo: «Lori, te verías mucho más guapa con un poco más de lápiz de labios». Pero a él no le gusta.

Allende es una abuela rebelde que vuelve a ser adolescente ante la autoridad de su hijo.

—¿Y te vas a volver a operar?

—Ahora mismo no, pero en cinco años quizá otra vez la cara. Hay que tener cuidado con la cirugía plástica porque de qué te sirve tener la cara estirada si las manos no se pueden operar, si vas a caminar como una viejita.

Cuando dice esas palabras está hablando de sí misma o de lo que teme que pueda ocurrirle o de lo que tarde o temprano le ocurrirá. Si cumple la promesa que le hizo a su hijo, a partir de ahora sólo el tiempo modelará sus formas.

—No hay nada más ridículo que esas mujeres que uno ve en Los Ángeles estiradas como si las hubieran planchado y que se nota que son ancianas —sentencia—. Hay que tener sentido común.

Dice Allende que su filosofía de la vida la parió en los tiempos en que trabajaba en *Paula*, una revista para mujeres que equilibraba como pocas la frivolidad y la profundidad, la moda y los problemas de la mujer.

—Desde ese tiempo no he dejado de ser femenina, sexy ni feminista. Sí se puede.

Difícil hallar a algún escritor que sea un dedicado lector de Isabel Allende. El día en que recibió el Premio Nacional de Literatura de Chile, algunos de sus colegas y paisanos se mostraron indignados. El escritor Alejandro Zambra, por ejemplo, dijo que era «como si le hubieran dado el Nobel a Paulo Coelho». ¿Quiénes recordarán su obra cuando ya no esté? ¿Para quién escribe Allende? No lo hace sin duda para el escritor argentino Patricio Pron. El autor de *El mundo sin las personas que lo afean y lo arruinan* (¡qué apropiado!) cree que no vale la pena leer a Allende.

—Sus libros se apropian de los procedimientos y de las formas más notorias del Boom —un proyecto cultural y literario progresista en su origen— y los pone al servicio de una visión conservadora del mundo de acuerdo a la cual la latinoamericanidad —cualquier cosa que esto sea— únicamente puede vivirse de una manera y, si se es mujer, sólo desde la cocina.

Pron me dijo que colgaría esta respuesta en su blog de reseñas de libros, en la sección «Preguntas de los lectores».

—En ese sentido, es como si Allende fuese uno de esos ladrones de cuerpos de los filmes de ciencia ficción de la década de 1950 —añade—. O como una monstruosa tenia o parásito intestinal que hubiese devorado a su dueño por dentro.

Si alguien hiciera una antología llamada *Grandes momentos de la crítica contra Isabel Allende*, allí merecería estar la de Pron, la visión de una escritora zombi y chupasangre. Pero para ser justos, la obra de Allende no ha seguido una sola receta: versionó el realismo mágico apenas en un par de libros —sus detractores sólo intentan leer y fusilarla por una de sus obras— y ha incursionado en las memorias, la novela política, la histórica y hasta la literatura juvenil. Sería una inexactitud tildarla de literatura rosa porque, a diferencia de Corín Tellado y sus secuaces, las protagonistas de las ficciones de Allende —entre las que incluiré a la propia autora— son mujeres que no sólo vivieron la revolución sexual, se independizaron, leyeron a

Simone de Beauvoir y tomaron la píldora, sino que también influyeron en su propia realidad.

Envié una decena de correos electrónicos a algunos autores para que me dieran su opinión sobre Allende. La verdad es que hice un cálculo algo maniqueo, escogiéndolos según sus perfiles para conseguir algunas opiniones «diferentes», o lo que yo llamaba secretamente «favorables». Incluso los escritores, y sobre todo las escritoras, que creía ideológicamente más próximos a Allende me dijeron no ser lectores de su obra o aborrecerla, aunque no fueran capaces de declararlo. Ya sea porque les cae bien o porque, finalmente, queda muy feo ir hablando así de mal de una colega exitosa.

Santiago Roncagliolo, un «escritor hombre» que ha sido tan vilipendiado en el Perú como si fuera un «escritor mujer» y que ha vendido miles de ejemplares de su novela *Abril rojo*, también tiene una opinión sobre ella.

—En general, respeto los bestsellers. No es fácil conmover a millones de lectores en todo el mundo, y si alguien lo logra, lo admiro, aunque no escriba el tipo de libro que me guste leer.

Entre las virtudes extraliterarias de Isabel Allende, que son muchísimas, Roncagliolo dio con una admirable:

—Si hay algo que realmente admiro en ella es su capacidad para despertar el odio y la envidia de todos los esnobs de la literatura en español. De todas las obras de Isabel Allende, de la que más disfruto es la cara de rabia que ponen los escritores que se consideran serios porque nadie quiere leerlos. Gracias por fastidiarlos.

Norman Mailer decía que escribir libros con la intención de que sean bestsellers no es muy distinto de casarse por dinero. Con los libros, ese cálculo no siempre funciona. Un libro puede incluir todos los ingredientes para ser un ganador y fracasar. O puede ser un potencial perdedor y dar la sorpresa. Le pasó hace un par de años a María Dueñas en España: de profesora que no había escrito un libro en su vida se vuelve de la noche a la mañana una escritora superventas. Su novela

El tiempo entre costuras funcionó gracias al bocaoreja, la editorial no se gastó un centavo en promoción. La historia de una modista española que pone un taller de costura en Marruecos vendió –y he aquí la frase tópica– un millón y medio de ejemplares y se tradujo a veintisiete idiomas. Le pregunté a Dueñas qué pensaba de Allende.

–Me deslumbró con *La casa de los espíritus* y la he seguido desde entonces. Admirable su talento y su energía, a pesar de los golpes de la vida. Un referente en la literatura escrita por mujeres, una inmensa inspiración, una maestra.

Dueñas sí que es una alumna aplicada, la chica nueva en el barrio de las escritoras superventas, esos fenómenos que siembran libros y cosechan colas de admiradores. Es también la continuidad de esa forma de entender el trabajo literario como el rescate de una memoria íntima, familiar y colectiva, perdida pero muy a la mano. Una de aquellas documentalistas del corazón que escarban y reordenan el pasado para devolverlo a la comunidad en una versión accesible, algo que el mercado agradece con todo su amor. Como si fuera sencillo escribir sencillo y ganar millones.

Isabel Allende se define como una «madre cupido»: no fue nada sutil cuando interfirió para que su hijo y Lori Barra se conocieran.

«¡Mi pobre hijo divorciado con tres hijos necesitaba una mujer!», exclama. Las historias familiares de Allende son tan extravagantes como las sagas de sus ficciones y cuando indagas más en su biografía, descubres que hay más de real que de maravilloso en esas narraciones de padres verdaderos, imaginados o adoptados. La primera mujer de Nicolás y madre de sus tres hijos lo dejó por otra mujer, nada menos que la prometida de uno de los hijos de Willy Gordon, el marido de Allende. Ahora los niños pasan una temporada con sus madres y otra con Nicolás y su nueva mujer. Todos se llevan bien y todos viven cerca de la casa de la matriarca, incluso quien fue el marido de su fallecida hija Paula. Allende ha cargado con penas propias, pero también con las de su marido, quien tiene una historia familiar atroz. Sus tres hijos cayeron en las drogas: la hija murió de sobredosis (no sin antes traer al mundo a una niña contagiada de sida) y los dos hombres, ya mayores de cuarenta, recién empiezan a tener una vida normal tras años de cárceles y centros de rehabilitación. *El cuaderno de Maya* es el libro que Allende escribió como una catarsis contra el dolor de padres compartido con su pareja.

Un día en la vida de Isabel Allende. Se levanta a las seis de la mañana porque su perra pide el desayuno a esa hora. «Mi pobre perra —dice— también está vieja». Tiene diez años, es decir, la edad de Allende en años perros. A continuación su marido le trae una taza de té. Después medita, hace ejercicios y está lista para trabajar. Se encierra en su «cuchitril» entre seis y siete horas. Ahora Willy Gordon también escribe, se ha vuelto escritor a fuerza de vivir con una escritora y hasta publica sus libros, así que tampoco es que interrumpan demasiado sus respectivos trabajos: «Nadie me necesita para nada». De rato en rato, ella sale a ver un poco el paisaje de la Bahía de San Francisco y vuelve a escribir. Por la tarde ven alguna película que aún sacan de un videoclub. Contesta mails, habla con Lori Barra.

Para alguien aficionado a las fechas, 2012 fue para Allende un año de números redondos: cumplió siete décadas de vida, pero también se celebraron los treinta años de la publicación de su primera novela, *La casa de los espíritus*, la que le valió la fama y la fortuna, pero también el estigma de haber escrito un sucedáneo de la obra de García Márquez. También se cumplieron veinte años de la muerte de su hija. Su agente, Carmen Balcells, la convenció de escribir un libro de memorias como antídoto para no volverse loca: *Paula* recoge los meses que pasó velando a su hija en coma. Aunque pensó que a nadie le interesaría leer un libro sobre la muerte, de todos sus libros es el que ha tenido más larga vida.

Se acerca la hora de su charla magistral en el Palacio de Bellas Artes. Lori Barra está muy guapa hoy, tal como dijo su suegra que estaría con los labios pintados, y lleva un vestido rojo muy favorecedor. Escribe en su computadora lejos de nosotras, quizá ocupada con los temas de la fundación que dirige la escritora y que ella la ayuda a organizar. Mientras continúa ajetreada con la prensa, le pregunto a la suegra cómo lleva trabajar con su nuera. Allende me cuenta que cuando la vio supo que ella era la esposa perfecta para su hijo, que le hizo largos interrogatorios y que se la llevó de paseo a solas para conocerla mejor. Sólo después supo que además sería *la* colaboradora de confianza. Tu suegra, tu jefa. Suena a pesadilla. Pero Lori está feliz de acompañarla a todas partes.

—A veces se me olvida que es mi nuera —dice Allende—. Es mi gran compañera. Vive a tres cuadras de casa. Si yo cocino un plato chileno, mando la mitad a su casa. Si ella compra tomates maduros, me envía la mitad. Estoy tan pendiente de su vida y ella de la mía como no lo estarían ni una madre y una hija verdaderas porque siempre ahí hay más conflicto.

Luego, viéndola trabajar, me aclara:

—A veces se me olvida que no es mi hija, que no podría serlo: mira su altura y la facha.

Isabel Allende visita dos veces al año a sus padres en Santiago de Chile. Alguien me dijo que a Ramón Huidobro, su padrastro, le encanta hablar de ella. Cuando era una niña, Isabel le declaró una guerra sin cuartel al darse cuenta de que, tras la separación de sus padres, aquel hombre iba a quedarse al lado de su madre. Pero él se ganaría su admiración hasta convertirse en el único padre que ha tenido la escritora. Huidobro no ha inspirado ninguno de sus libros. «Tiene demasiada decencia y sentido común —ha escrito Isabel Allende de él—. Las novelas se hacen con dementes y villanos, con gente torturada por sus obsesiones, con víctimas de los engranajes implacables del destino.» Su padre biológico, por ejemplo, que apareció muerto en una calle, como un vagabundo, y del que ella sólo tiene el recuerdo de su cuerpo helado en la morgue.

El tío Ramón, como lo llama desde esa época, tiene cerca de cien años. Le pido que defina a su hijastra en una sola frase.

—Es una intelectual —dice al otro lado de la línea.

—Pero los intelectuales no la quieren mucho, señor —le digo.

—Porque en este país están llenos de envidia. Eso ha sido así toda la vida; acuérdese de Neruda, de Huidobro. En eso se notan las cosas raras de este país.

Le pregunto por su relación con Allende.

—Es la relación de un padre y una hija. Así de sencillo.

—¿Me cuenta una anécdota de ella?

—No puedo —dice con una voz esforzada, apenas audible—. Ella ha contado tanto que no me ha dejado nada para contar.

Isabel Allende se acaricia la cara y el cuello, como solemos hacer las mujeres para constatar que no hemos cambiado en medio de un sueño. Palpa su papada y apoya la barbilla sobre una de sus muñecas. Es paciente y en breve tendrá que prepararse para su charla. Por eso, quizá, porque nos queda poco tiempo, hablamos de envejecer.

—No tiene ningún glamor envejecer. Hay un evidente deterioro físico —admite—. Ya no tengo fuerzas para hacer lo que hacía antes. Soy más selectiva, ya no pierdo tiempo con tonterías, con programas estúpidos de la televisión o películas que no me van a dejar nada. Si un libro no me agarró en la página treinta, no hago el esfuerzo de acabarlo.

Dice que los años de experiencia acumulados la ayudan en la vida, pero no en la escritura. En cada libro —insiste— hay que inventar todo de nuevo. No cometer los mismos errores que ya cometió. Y el miedo cuando uno empieza a escribir, el susto ese que uno siente cuando va a empezar, es siempre igual. Eso no se ha aliviado nada con los años.

—¿Por qué no puedes perder el tiempo?

—No puedo perderlo porque el tiempo pasa cada vez más rápido —dice, y sus pupilas crecen.

—Pero las escritoras no son como las actrices que de repente pierden papeles por envejecer.

Isabel Allende admite que en ese sentido envejecer es una bendición. Hoy tiene más lectores ganados con su trabajo.

—Es raro: siento que ahora soy más respetada que antes por los treinta años que llevo escribiendo —dice—. No porque esté escribiendo mejor o peor, sino porque ha pasado mucho tiempo.

Varias veces estuvo a punto de dejarlo todo, pero se convenció de que la literatura era lo único imprescindible para ella. Su persistencia es también una lucha contrarreloj y, aun cuando escribir tiene una sombra a menudo tortuosa, Isabel Allende se siente en absoluto confort.

—Cuando escribo, no tengo ni que verme bien ni ser inteligente. —Traga una bola de emoción—. Ni cautivar a nadie.

La sinceridad de Isabel Allende aturde. No teme abordar ningún tema, y eso que uno siente que debe andar con tiento al hablar del tiempo y de la desaparición inevitable con alguien que sabe que ha sobrepasado con creces la mitad del camino recorrido. Pero ella, que tampoco teme ser sólo una bestseller, no tendría que tener miedo a morir.

—El miedo a la muerte se me fue cuando murió mi hija Paula. Primero la vi morir, días antes de que naciera mi nieta. El momento de la muerte se parece mucho al momento del nacimiento: es pasar de un umbral a otro.

Ella ha declarado más de una vez que la posteridad no le importa, que escribe para el aquí y el ahora. Incluso que está preparada para que la olvidemos, para que sus novelas pasen de moda y una pátina de polvo borre sus huellas con más ferocidad que cualquiera de sus críticos. Pero algunos lo dudan. Carlos Franz, otro escritor chileno y una de las pocas voces disonantes en medio del coro de acusaciones, le concedía varios méritos, pero le recriminaba que intentara «apurar la posteridad» quejándose continuamente del ninguneo al que la sometía su país cuando en realidad nada sabemos del futuro:

–Hasta Isabel Allende encontrará su lugar, grande o pequeño, en el triste Panteón de las Letras Nacionales del que hoy la expulsan –dijo Franz.

«No hay nada terrible en la muerte; lo terrible sería vivir para siempre», dice ella. En su libro *Paula*, la autora recuerda el chiste que hizo un día Salvador Allende, el primo hermano de su padre, cuando le preguntaron qué le gustaría que escribieran en su epitafio. «Aquí yace el futuro presidente de Chile», contestó sin dudar el que fuera eterno aspirante antes de convertirse en presidente. Cierta tarde, el tío Salvador Allende intentaba enseñar a su sobrina a disparar al blanco con el mismo fusil que aparecería a su lado en el Palacio de la Moneda después de suicidarse. La joven sobrina, al mover el rifle en el aire, terminó apuntando a la cabeza del político. Los guardaespaldas corrieron y la tiraron al suelo. Un epitafio apropiado para ella podría ser una línea de su novela *Eva Luna*: «La muerte no existe. La gente sólo muere cuando la olvidan; si puedes recordarme, siempre estaré contigo».

Los padres de Isabel Allende tienen más de noventa años, y ella vive con la idea de que en cualquier momento sonará el teléfono y tendrá que volar a Chile. En todos estos años no ha dejado de creer en los fantasmas. No es que tenga fe en las sesiones de espiritistas, pero cree en una dimensión mágica y en el poder de la memoria y la imaginación para conectar con otros mundos. Y dice que no todos los muertos la acompañan. Hay gente que fue muy importante en su vida y que, sin embargo, no está con ella todo el tiempo.

–Paula está siempre –me dice–. Si estoy esperando el ascensor y no llega, le digo, ya pues, Paula, mándame el ascensor.

La escritora de *La casa de los espíritus* mira por los ventanales el cielo oscuro mexicano que separa con fiereza la divinidad de los hombres.

—La sabiduría no te va a caer del cielo porque pasen los años —advierte—. No. Con la edad, a menos que uno haga un gran trabajo espiritual y psicológico, uno es sólo más de lo que siempre fue.

Todo el mundo sabe que Isabel Allende ha hecho llorar a miles con sus historias de amor y de sombras, pero pocos sabrán que también hizo reír. En años grises (pero también color verde militar y rojo sangre), lo hizo llamando a las cosas por su nombre y derrochando humor feminista, años antes de que siquiera soñáramos con *El diario de Bridget Jones,* con la columna de Carrie Bradshaw o con *Girls*. Mediante su propia columna, publicada en los setenta y llamada jocosamente *Civilice a su troglodita*, la escritora hacía muy bien su papel en la vieja (y ahora pasada de moda) guerra de los sexos, tratando al macho como un ser inferior esclavo de su pene. Fue un éxito sobre todo entre los hombres.

Ha escrito libros que son bestsellers, algunos de ellos muy dignos y otros tramposos e insufribles, pero ¿quién no tiene libros insufribles? Y ha firmado algún volumen que es al mismo tiempo un testimonio conmovedor y un completo bestseller, como *Paula*, que en varios pasajes me hizo pensar que me hubiera gustado escribirlo a mí, aunque de otra manera.

¿Acaso todas tenemos que escribir como Clarice Lispector para merecer un elogio en un suplemento cultural?

A punto de dejarla, pienso que estoy tan aburrida de las reiteradas cargas contra Allende que voy a escribir decenas de artículos hasta llevarla al parnaso. Pero después me digo ¡qué demonios!: es una escritora rica, famosa, feliz. No necesita que nadie la defienda. «Usted debe ser la peor periodista de este país, hija —le espetó Pablo Neruda el día en que Allende se acercó hasta su casa de Isla Negra para entrevistarlo—. Es incapaz de ser objetiva, se pone al centro de todo y sospecho que miente bastante, y cuando no tiene una noticia la inventa. ¿Por qué no se dedica a escribir novelas mejor? En la literatura esos defectos son virtudes». Allende siguió sus consejos al pie de la letra. Y así dejó de ser la osada periodista a quien la fundadora de la revista *Paula*, Delia Vergara, confiaba los temas más ligeros y divertidos —la decoración, el horóscopo, las recetas de cocina—, entre otras razones porque, igual que Neruda, sospechaba de su ética periodística. «Era feminista a morir, pero a las seis de la tarde corría a la casa para atender a su marido como una geisha. ¡Nos daba clases de cómo hacerlo!», me contaría su exjefa.

A veces, sin embargo, los temitas de la reportera Isabel Allende se tornaban muy serios. Su reportaje más recordado fue «Entrevista a una mujer infiel», la conversación que tuvo con una señora de clase alta casada con un importante político, quien junto con dos amigas rentaba una habitación para encontrarse allí con sus amantes. Los curas la condenaron; las mujeres la adoraron. Pronto encontró una veta que la haría célebre durante un tiempo, la de protagonizar sus propios «reportajes-aventura», como ella los llamaba, experimentando los temas en su piel como una adelantada cronista gonzo de la prensa femenina. Una vez se hizo pasar por bailarina de un club de alterne. Las cámaras de un canal de televisión la grabaron y la conservadora sociedad de su país casi la crucifica. Otra vez le pidieron que escribiera sobre el LSD y a ella, por supuesto, no se le ocurrió mejor idea que probarlo. Pero eso fue hace mucho. Mientras algunos se dedican de rato en rato al triste deporte de burlarse de ella, Allende ha comenzado a escribir su decimocuarta novela como hace cada 8 de enero de manera cabalística. Lleva escritas cerca de cien páginas de una historia que estará situada en California y que tendrá por protagonista a una joven.

Durante la gran noche de Isabel Allende en el congreso de mujeres, la escritora Sabina Berman la presenta diciendo: «La

República de los Lectores de Isabel Allende es más grande que cualquiera de los países de habla hispana». Cuando es su turno, sube un hombre a ayudarla a colocar el banquito. Ella trepa a su pedestal. Todo es muy cómico. Ha creado una situación cómica y se ríe de ella. Empieza su discurso. Pasa de los chistes sobre sí misma a la fábula y la parábola, y de ahí a la anécdota dramática. De una confesión ligera a un testimonio desgarrador o a una arenga sobre la energía cósmica femenina: «Cuando las mujeres están juntas —proclama—, están alegres». Viaja de su experiencia a la de miles de mujeres en el mundo. Y lleva al auditorio de una emoción calculada a otra: «Puedo decir que mi vida ha sido marcada por el amor, y el tema de mis libros siempre es el amor. Y yo creo en eso, hasta ahora sigo creyendo en eso, en una visión de la vida donde triunfe el amor». El mundo es su escenario. Y ella está allí arriba contando una historia que ha empezado con una pregunta: «¿Qué quieren las mujeres?».

Eso es lo que todos y todas queremos saber. Y ella parece saberlo.

Han pasado casi dos años desde que anunciaran por Twitter la muerte de Isabel Allende. A sus setenta y un años no sólo sigue escribiendo para la posteridad, sino que aún hace cosas por primera vez. Si la primera novela que escribió hace más de tres décadas trataba sobre espíritus, la última que ha escrito trata de cadáveres. Si antes le preguntaba cosas a los fantasmas de sus abuelos, debuta en la novela negra preguntándole a Google cuánto tarda un cuerpo en llegar al rígor mortis.

Ahora son las seis de la tarde de un jueves de enero en Madrid, y el largo día que ha dedicado a responder entrevistas sobre su nueva novela está a punto de acabar. A esta hora es muy probable que la señora Allende esté cansada de escuchar a periodistas. O, peor para mí, a esta hora es muy probable que esté cansada de escucharse a sí misma. Pero no está cansada ni de lo uno ni de lo otro. Como en una novela de misterio, el encuentro se produce en la suite de un hotel centenario de ciento cincuenta habitaciones. Detrás de la puerta ocurren a la vez dos escenas que parecen de dos tiempos distintos: Lori, su nuera y colaboradora de confianza, trabaja silenciosa en la habitación con la computadora, recostada sobre la cama, mientras su suegra espera en el salón rodeada de ese lujo a lo *Belle Époque* tan propio del Ritz de Madrid. Donde un día Ernest Hemingway escribió en calzoncillos y Grace Kelly y Rainiero celebraron su luna de miel, Isabel Allende sirve té y galletitas surtidas.

—Yo a ti te conozco. Nos vimos en… —Deja colgada la frase esperando un poco de ayuda para completarla—. Sí, el congreso de mujeres en México, ¿no?

Hace un año y medio, Isabel Allende estaba en ese encuentro feminista subida en un banquito desde el que parecía dominar el mundo con sus *boutades* acerca de lo que quieren las mujeres. Ahora estamos en un lugar donde hasta 1975, año de la muerte del dictador Francisco Franco, no se permitió a las mujeres entrar en pantalones. Esto, que hubiera molestado mucho a la joven Allende, y también a la madura, es impensable ahora que en su propio país gobierna una mujer, su admirada Bachelet.

—¿Sería su ministra? —le digo intrigada como parte de una entrevista, más política que literaria, que hago para un periódico del Perú.

—Yo no sirvo para eso. Es como si me pidieras que te planche la camisa. No tengo idea de cómo hacerlo.

Le recuerdo que Vargas Llosa, en el discurso del Premio Nobel, contó que su esposa solía decirle «Mario, tú para lo único que sirves es para escribir».

—Un hombre puede darse el lujo de servir sólo para escribir. A mí me encanta escribir, pero tengo que hacer muchas otras cosas.

Aunque se dedique a otras cosas, nunca falta a su cita con una nueva novela. Y siempre se las ingenia para estar «a la moda». Algunos podrían decir que suele subirse al carro en marcha de los libros del momento o que es una intuitiva cazadora de tendencias literarias para beneficio propio. Allende, en cambio, cree que tiene el talento, como otros escritores, de olfatear lo que está en el aire y palpar eso que algunos llaman el inconsciente colectivo para devolverlo en forma de libro. Lo hizo con el realismo mágico, con las novelas de dictaduras, con las historias de amor y cocina, con la saga de Harry Potter cuando incursionó en el género juvenil, y ahora ha vuelto a hacerlo con la novela negra. Allende me jura que no sabía que los policiales se habían puesto de moda; sin embargo, antes de escribir el suyo, se preparó devorando la saga *Millennium*, de Stieg Larsson —¿como en los ochenta devoraría *Cien años de soledad*?— y al terminarla supo que no podría escribir nada por el estilo por más que lo intentara. Que iba a ser inútil.

—Es demasiado brutal, demasiado oscuro, no es mi manera de ver la vida. Me dije que tenía que escribir una novela negra, pero una novela mía.

Así nace *El juego de Ripper* —una novela negra-blanca, una novela «para tomarle el pelo a las novelas negras», según su autora—, la historia de una joven superdotada, fantasiosa y aficionada a ese juego de rol virtual —inspirada en Andrea, su única nieta— que deberá seguir pistas para descubrir quién se esconde detrás del avatar de Jack el Destripador, el responsable de una serie de crímenes. Para ello la niña contará con la ayuda y complicidad de su abuelo.

—El abuelo soy yo —confiesa—. Bueno, la abuela que fui. Porque mis nietos ya se hicieron grandes y ya no tenemos la misma complicidad.

Cuando habla así, Allende es como esas abuelitas que se quejan un poco de abandono. Un poco de todo. Dice que si a ella le hubiera tocado crecer con internet, como a su nieta, nunca habría salido de su madriguera, nunca habría vencido la timidez ni descubierto el feminismo, ni se habría convertido en escritora. La culpa de todo, claro, siempre la tiene internet.

—Sé que los asesinos en serie son algo terrible y detestable

—exclama de pronto— de lo que uno no debería reírse, pero la ficción es la ficción.

Isabel Allende no sabía que los muertos estaban de moda porque en su casa siempre lo han estado. De esto sí tiene la culpa su marido, el gringo Willy C. Gordon, lector y escritor de novelas policiales, quien le enseñó el ABC del género.

—Le estaba contando que pensaba comenzar el libro describiendo la atmósfera, escribiendo sobre el barrio de San Francisco donde iba a ocurrir la historia, y Willy gritó horrorizado: «¡No! ¡Una novela negra empieza con un muerto! Tienes que empezar matando a alguien». A mí ni se me había ocurrido.

Me pregunto si el bulo sobre su propia muerte que circuló en 2012 no fue también el comienzo de una novela. Una novela que escribimos todos y en cuyo centro está Isabel Allende. Durante décadas ha sido una víctima propiciatoria para muchos de sus colegas, así que no sería extraño que de verdad haya muerto y que ahora, en este momento, sea un fantasma el que deambula por el Ritz hablándome de crímenes y cuerpos.

—¿Cuánto tarda un cuerpo en entrar en rígor mortis? —le pregunto para comprobar que la novata que lleva treinta años escribiendo ha aprendido la lección.

—Depende de la temperatura, absolutamente. Gracias a eso puede conocerse incluso la hora de la muerte. Y hay muchas cosas que investigué en Google sobre venenos y armas y que cinco minutos después olvidé. Yo no creo que tenga que andar por la vida cargando con cadáveres en rígor mortis. Cuando necesite otro cadáver volveré a buscarlo en internet.

Allende buscaba un cadáver y le dimos el suyo propio vía Twitter. Y ella se murió de risa. Porque para mala suerte de sus críticos y destripadores de rigidez cadavérica, a ella la vida y la muerte le sonríen.

La que está aquí a mi lado en una suite del Ritz de Madrid podrá ser una señora, pero nunca un fantasma.

¿Cuánto durará Isabel Allende en este mundo o en el otro? Dependerá de la temperatura.

TODOS VUELVEN

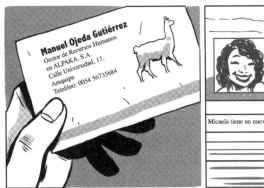

Micaela tiene un nuevo empleo.

ESTÁ EN AREQUIPA. AL FINAL LO HIZO. SE SALIÓ CON LA SUYA. MICAELA SE FUE DE LIMA, JUSTO COMO QUERÍA. CONSIGUIÓ UN TRABAJO EN LA SEGUNDA CIUDAD DEL PERÚ. "LA CIUDAD BLANCA", ASÍ LE LLAMAN POR EL SILLAR, LA PIEDRA BLANCA CON LA QUE SE HAN CONSTRUIDO SUS MUROS. UNA CIUDAD CON UN VOLCÁN, APAGADO, EL MISTI. UNA CIUDAD NADA ANODINA, UNA CIUDAD QUE VIO NACER A NUESTRAS MEJORES Y PEORES CELEBRIDADES: MARIO VARGAS LLOSA, ABIMAEL GUZMÁN —EL LÍDER DE SENDERO LUMINOSO—, VLADIMIRO MONTESINOS —EL JEFE DEL SERVICIO DE INTELIGENCIA Y MÁXIMO RESPONSABLE DE LOS ÚLTIMOS ESCÁNDALOS DE CORRUPCIÓN. AHORA MICAELA VIVE AHÍ.

DISCULPE, MICAELA...

NO ES SU PROPIA EMPRESA, PERO ES EL TRABAJO SOÑADO.

¡MIRA LO QUE VEO POR MI VENTANA, GABI!

TRABAJO EN LO QUE ME GUSTA: DISEÑANDO Y CON INDEPENDENCIA TOTAL.

¡TENGO PISCINA!

Y ME DIO SU TARJETA Y ME DIJO: SI QUIERES TRABAJO LLÁMAME.

LA EMPRESA PAGA EL ALQUILER DE MI CASA.

VIAJARÉ A EUROPA DOS VECES AL AÑO.

"¡QUIERO MI HUEVO FRITO!!"

LA GENTE NO CREE QUE UNO PUEDA AMAR A MÁS DE UNA PERSONA. NO VOY A DECIR QUE LA CONVIVENCIA ES UN JARDÍN DE ROSAS, PERO PREFIERO ASUMIR EL RIESGO. LA GENTE ES MUY COBARDE Y SOLO HABLAN DE LOS NIÑOS. LOS NIÑOS ESTÁN BIEN, JODER.

HOY ES MI ÚLTIMO DÍA EN LA REVISTA. LA CUERDA PUEDE ESTIRARSE MUCHO PERO UN DÍA, TARDE O TEMPRANO, SE ROMPE. Y EL CAMINO DE VUELTA DE PRONTO YA NO ES EMPINADO.

NO ES FÁCIL LIDIAR CON NUESTRA IDENTIDAD CUANDO DURANTE AÑOS NOS HEMOS ACOSTUMBRADO A SER LO QUE "DEBÍAMOS". PERO HAY QUIENES SE ATREVEN UN DÍA A LANZARSE DE LLENO AL VACÍO DEL FUTURO ARROPADOS ÚNICAMENTE CON EL FUEGO INTERNO QUE AMENAZA CONSUMIRLOS.

"LALALA-LALA"

HACE UNOS DÍAS QUE SOY OTRA PERSONA. LA QUE FUI YA NO IMPORTA. Y SOBRE LA QUE SOY NO VOY A ENTRAR EN DETALLES, SERÍA COMO SI UN MAGO ENSEÑARA DÓNDE ESCONDE LA CARTA.

NI HOSTIL. MÁS BIEN ES PERFECTAMENTE LLANO Y RELUCIENTE COMO UNA PISTA DE BAILE. ES SOLO COMO RECORDAR QUIÉNES SOMOS.

LIBERARNOS DE LAS EXPECTATIVAS AJENAS Y DEVOLVERNOS A NUESTRAS PROPIAS MANOS.

LO ÚNICO QUE SÉ ES QUE ABANDONANDO EL BIENESTAR DEL PRESENTE, VUELVO AL PUNTO DE PARTIDA, ASOMBRADA Y FELIZ, COMO UNA NIÑA PEQUEÑA ANTE EL FUTURO.

ME PREGUNTO CUÁNTAS PERSONAS ESTÁN DISPUESTAS A RECONOCER SIN SEGURIDAD ALGUNA, PERO SIN MIEDO, SU PROPIA DESNUDEZ.

ME INVITAN AL FESTIVAL DEL LIBRO EN AREQUIPA, ASÍ QUE APROVECHO PARA VISITAR A MICAELA EN SU NUEVO HOGAR. EN REALIDAD TAMBIÉN ES UNA ESPECIE DE LUNA DE MIEL PARA NOSOTROS TRES.

EN REALIDAD NO CONOCEMOS EL HOGAR DE MICAELA. NI SIQUIERA LA VEMOS EL PRIMER DÍA. MICAELA TIENE MUCHO TRABAJO, SALE TARDE, VIVE LEJOS DEL CENTRO, Y NOSOTROS ESTAMOS AQUÍ DE VACACIONES.

¡NO CONOCÍA ESTE SITIO, ME ENCANTA! BUFFF, EN DOS DÍAS USTEDES HAN IDO A MÁS SITIOS QUE YO EN UN AÑO.

ES QUE SOMOS TURISTAS, MICAELA...

NO VIAJEROS... TURISTAS.

¡UNA CAUSA ROJA! LA COCINA PERUANA TOCANDO EL CIELO...

JAIME, NO TE ACOSTUMBRES MUCHO QUE EN MADRID VOLVEREMOS A LAS ACELGAS DE LA HUERTA.

MICAELA TAMBIÉN NOS RECOMIENDA BARES A LOS QUE NUNCA HA IDO, DISCOTECAS DONDE NUNCA HA ESTADO. ELLA VIVE AQUÍ, PERO DESCUBRIMOS LA CIUDAD JUNTAS.

¡QUÉ LINDO TU HOTEL! SIEMPRE HE QUERIDO TENER UNA CASA ASÍ. ¿CREES QUE SE PODRÍA RECREAR ESTA ESTÉTICA EN OTRO LUGAR?

YA. YO TAMBIÉN QUISIERA VIVIR ASÍ, MICA, PERO ESTO NO ES REAL. ES UNA RECREACIÓN, UNA FICCIÓN HOTELERA.

ANTES DE DESPEDIRNOS, MICA Y YO ESCOGEMOS ESTA FOTO. QUIERE QUE LA SUBA A FACEBOOK. EN REALIDAD, NO ES NUESTRA COCINA, ES SOLO UNA PARTE DE MI HABITACIÓN DEL HOTEL, PERO PREFERIMOS VERNOS ASÍ. DE ALGUNA MANERA, SEGUIMOS JUGANDO A LA CASITA FELIZ. SOLO VAMOS CAMBIANDO DE LOCALIZACIONES

PARECEMOS CAMPESINAS.

SOMOS.

GABRIELA WIENER / NATACHA BUSTOS